大展好書　好書大展
品嘗好書　冠群可期

實用武術技擊⑥

擒拿反擒拿八十八法

韓建中 著

大展出版社有限公司

感悟韓建中

韓建中是名人。

名人和名人不同，他有別於歌星、影星、體育明星們。他的知名度不需要狂熱的「追星族」們如醉如痴地簇擁和鼓噪，也不需要五花八門的商業包裝及絢麗多彩的廣告，他的知名度是以武術世家的敬業精神爲基礎，以被中外公衆所接納、所認同的眞功夫而斐聲中外。

所以，他的知名度的分量別具特色，正如他對武術事業的貢獻被合乎邏輯地載入《中國傑出人物大典》《中國專家大辭典》《世界優秀人才大典》《世界名人錄》《中國專家大辭典》一檔，產生著日益深遠的影響。

還是韓建中先生自己回答得好，他坦言：「中國的武術事業培養了我，我是這個機體中的一個細胞。雖然渺小，但我終生將爲我從事的事業竭盡全力，報

效生我養我的中華民族。」

由此，我想到他曾隨中國武術文化代表團出訪。許多海外的朋友善意地提出希望他考慮去國外任教，而他婉言說：「謝謝，我已到了故土難離的年齡。」他自省道：「我之所以受到那麼多國外朋友的邀請和挽留，那是因為中國的眞功夫受到世人的尊重，如果離開了這個『眞』字，離開了中國武術這個根深葉茂的大背景，我就難以存在……」

他的眞誠深深地感動了眾多的國際友人。

在他的眞誠中包含著終生無悔的眞率，其意味可謂眞矣，可謂大矣。

韓建中先生畢生習武學無止境，實乃磨頂放踵，寸心至死如丹。他崇仰父親韓其昌——這位二十幾歲就獲「鐵臂沱南俠」之譽，且在中華武術史上占有堅實一地的俊傑。他說父親一生只有一個信念，一種精神，一個主旨，那就是：練武、做人必須率眞。所以韓老在武術界享有極高的威望。正因為韓建中的骨血裡湧動著父親的基因特質，他為人正直，敢說眞話。

因為說眞話是要有一點勇氣的。韓建中敢說眞話遠近聞名，他說眞話，並不環顧左右而察他人之顏觀他人之色，大有衝撞了誰也就索性衝撞了過去的意味，然語出落地而思想之精華也就奉獻上來了，無需任何粉飾。這在時下未張口先自四面作揖的世風中，就顯出做人的骨氣。

但是，只說眞話，還不能成為一個名副其實的武術家，武術家必須有眞功夫。我敢說，從某種程度上

講，中國武術的許多拳宗秘譜，不僅豐富了韓先生的語言表達，溶解在他的思維之中，形成了他獨特的思維方式。如同用化學家的眼睛看世界，一切關係都可以用分子之間的排列組合來說明似的。

武術的思維對於韓建中先生亦如此，凡出現在他口中或筆下的詞章典句，都能給人以深刻的啓迪。可以說韓先生是學富五車。每當與他頁暄閑坐冷眼觀大千世界的眾生相，談禪論佛，評儒論道，每每信手拈來，皆成文章。這個境界對別人來說是頗難達到的。我常常想，在現代的行武隊伍中，「有能文者疏於武，有能武者疏於文」的不少見。而能文能武的韓建中卻是當今中華武學界公認的。

現在，他的《擒拿反擒拿八十八法》一書已付梓成版，於是他打來電話：「希望你給我寫序。」其口吻鄭重而沉長。

我當即答應——遵命。

因爲我知道韓建中先生所樂於看到出現在我筆下的是一些「挑剔」性的批評，而非是這些「溫良恭儉讓」的筆力。

然而，我卻要以他常說過的一句做人之原則的話作爲這序的結束，「大匠不爲掘工改廢繩墨，后羿不爲拙射變其彀率」。

李 平

作者的話

　　武術以其自身特殊的技巧在中國文化歷史上源遠流長，使成千上萬的習武者受益。隨著改革開放向縱深發展，中西文化交流愈加頻繁，曾掀起過股股「習武熱」，但在「習武熱」的後面，也出現了一些令人憂慮的社會治安問題。

　　正如我們處在一個快速旋轉的世界，光環與灰色陰影共生，污穢、醜行與純潔、高尚同在。於是1998年8月，中央電視臺《康樂年華》欄目特邀我主講了「擒拿一招」「擒拿反擒拿」節目，至今近兩年，我幾乎天天能接到從迢迢千里之外打來的電話和寄來的信件，徵詢索要我主講的書稿，情真意切，使我推托不得。

　　如果說人類精神文化成果的產生與獲取，都與時代的風尚、利益、機遇有著必然聯繫的話，那麼我的《擒拿反擒拿八十八法》一書的出版，便是為了滿足廣大讀者和觀眾的需要而結集成書，如果讀者諸君在

不經意中碰到了它，就隨便翻翻吧。

　　必須說明的是，該書的攻防擒拿技戰術的說解均以梅花樁拳實用技擊爲基礎，與我的其他專著相比強調的重心不同，但大旨不改，仍完整地保留著梅花樁拳眞功夫發展的軌跡。希望該書的內容能爲不同層面的人培養防身意識做一個小小的注腳。

韓建中

目錄

一 擒拿 的基本知識與技法

1. 擒敵搏擊中的八條原則

① 出手引手，見手使手

出手引手、見手使手是擒拿搏擊中一條重要的原則。搏擊中，我們每次出手都是有目的的，虛虛實實，變化多端，或是攻擊，或是防守，或是引逗，以我們靈活多變的步法、身法、手法達到控制攻擊和防守的最佳距離、最佳位置，贏得攻擊的最佳時間，我們所發出去的手時而像攻，時而像守，使對方如入五里霧中不能更其方向，不能確定我們的真實意圖。

但有一條應該記在心中，當我們伸出的手能挨上對方手或身體的任何一個部位之時，就不能再猶豫了，此時應該接連出招，以迅雷不及掩耳之勢攻擊對方。如果我們將能夠搆得上、挨得上對方的手抽回來，撤回來，重新更拳換勢，重新進招，那麼你就犯了搏擊擒拿中的大忌。

梅花樁拳派中有個非常恰當的比喻，將這種現象稱之為「另起爐灶」，表面意思為已經有了爐灶可以做飯了，可以

用了，不但不用還要另外建一個，徒勞無功，費時費力。當然，它的真實內涵就更豐富了。由此看來，出手引手、見手引手在擒拿搏擊中是非常重要的環節，運用好必為下一步連環技擊手法奠定基礎，其作用不可輕視。

② 上下相隨，協調擊打

俗語說：「上步需要先上身，拳手齊到才為真。」武術的練習與搏擊非常重視招式勁力的協調統一，因此產生了不少有關這方面的理論，如「三節九段」和「六合」等等。

「三節九段」將人身體分為上、中、下三節：手至肩為上節；頭至背為中節；胯至足為下節。

九段是由三節中細分而產生的；手腕以上為上節之梢段；肘為上節之中段；肩為上節之根段；頭至主心骨為中節之上段；主心骨至臍為中節之中段；臍至臀為中節之下段；胯為下節之上段；兩膝為下節之中段；兩腳為下節之下段。

「六合」則包括外三合和內三合；外三合即肩與胯合，肘與膝合，手與足合；內三合是心與意合，意與氣合，氣與力合。一動則全身俱動，如有一處不合交手也不勇猛，欲求疾、快、猛，就要注意起身落點一定要整，也就是我們在擒拿搏擊中要求做到的上下相隨、協調擊打。

武術搏擊擒拿把人看成一個整體，如果我們實施擒拿搏擊時的動作腳手不協調，腳到手不到，手到身不到，不能做到上下相隨、協調擊打，打不出整力與身力，不但擊打無力，動作還會遲鈍緩慢，不能收到力有奇變的效果。

常言道：「用力之妙，存乎一心」，在技擊中如能做到「上下相連」「急起直追」定會達到搏擊中的最佳境地，收

效甚豐。

③ 出其不意，攻其不備

出其不意，攻其不備，是我們實施擒拿搏擊中的重要戰略戰術原則。

擒拿搏擊中隱蔽企圖、突然攻擊，是以弱勝強、以逸代勞的一種好方法。在對方意想不到的時間、意想不到的地點、意想不到的招法……在連續的意想不到的情況下，突如其來、連續不斷地向對方發起攻擊，迫使對方只有招架之功，絕無還手之力，也就是我們常常講的「拳打人不知」，把對方打懵了，打傻了。攻擊對方空虛之處、薄弱之處，進攻對方沒有防守、不易防守或防守不當之處，急起直落，那麼，「擒龍縛虎」的技擊術便在雷厲風行中完成，從而達到「出其不意」的效果。

④ 借勁使勁，順勢發力

「借力使力順他力，不可掙力逆進行」是擒拿搏擊中另一條重要原則。在擒拿技法的應用過程中，技法與應用均要隨勢而布、隨勢而發。要借對方的力量，順其勢，用其力，千萬要注意不要與對方的力僵在一起，擰在一起，頂在一起。假若對方用力前推，我們也同樣用力前推，或是對方用力後拉，我們也同樣用力後拉，這種做法不但要費大力氣，還會影響我們擒拿搏擊技法的發揮，甚至會由於動作遲緩、變化停滯而貽誤戰機。

如果對方用力前推，我們順其前推之力，順力後拉，或是橫撥，上挑下壓等，以最小的力氣，改變對方力的方向和

一　擒拿的基本知識與技法

作用點；如果我們不但會運用借力順力而且還能夠做到順勢發力，借力發力，那麼也就做到了人們常說的「用力以能聚散為上」，能到此境界，豈不做到了擒敵制勝游刃有餘、勝利只在揮手之間了嗎？

⑤ 勢氣高昂，沉著善斷

勢就是有一種不可抵擋的力量，有戰勝對手的信心和決心，沒有勢氣就談不到沉著。勢包括我們自身力量的積蓄和心理素質的養成。人們常說「藝高人膽大」「膽大才能遇事不慌」。當我們在擒拿搏擊時，首先應保持良好的心態，面對對方凶猛攻擊，不慌不亂，鎮定自如，沉著就是穩，善斷則是果敢快速地作出反映，作出決策，在擒拿搏擊中對勢態的發展、實力的對比、自己所處的位置、應運用什麼技法等等都能夠快速、準確地作出判斷，從而為取得搏擊的勝利打下堅實的基礎。

所謂「勢如破竹」，是說氣勢不可阻擋，力量的進展伸縮神速，如果在搏擊中能夠做到「勢如破竹」，那麼擒敵制勝還在話下嗎？

⑥ 虛實分明，避實擊虛

孫子兵法曰：「夫兵形像水，水之形避高而趨低，兵之形避實而擊虛，水因地而制流，兵因敵而制勝。故兵無常勢，水無常形，能因敵變化而取勝者謂之神。」孫子的這些觀點，包含著唯物主義辯證法思想的因素。孫子指出，運用避實擊虛的作戰方針，要從分析敵情出發，要隨著形勢的變化而變化。

在變化莫測的擒拿搏擊之中，眾寡、強弱、攻守、進退眾多關係均處在急劇變化之中。擒拿搏擊中的虛就是空和無，實便是有，在與對方格鬥時，首先要注意觀察判明虛實，誘敵以利己，避其鋒芒，擊其要害，迅速採取果斷行為，使對方在招架不住的無奈中被縛。

⑦ 觀察地物，為己所用

我們在與對手搏擊中，注意觀察地形地物，利用地形地物是十分重要的。孫子說：「地形者，兵之助也。料敵制勝，計險阨遠近，上將之道也，知此而用戰者必勝，不知此而用戰者必敗。」在擒敵搏擊之時，對不同的地形地物必須作不同的處理，能否正確觀察地形地物，從而搶先占領有利的地形，將地形為己所用，是戰勝對手的重要輔助條件。

善於觀察利用地形地勢，就如虎添翼，甚至能夠將不利於己的地形地物，變為有利於己；反之，不注意觀察地形地物，不善於利用地形地物，或是不能正確利用地形地物，不但收不到益反而被地形地物所滯。

由此看來善於觀察地形地物，並能合理正確地利用、使用地形地物，在擒拿搏擊中是何等重要了。

⑧ 知己知彼，揚長避短

孫子在《謀攻篇》說：「知彼知己，百戰不殆。不知彼而知己，一勝一負；不知彼，不知己，每戰必殆。」在擒拿搏擊中首先應該了解清楚對方戰術、技術的規律與特點，正確實施我們的策略與技法，這樣才能克敵制勝。

在與對方進行格鬥時，實戰情況是非常複雜的，既要防

一 擒拿的基本知識與技法

止對手對自己的擒拿與擊打，又要擒拿對方，擊打對方，拳腳相加，摔拿並存。此時我們應做到知己知彼，以己之長，攻其之短，比如：有人擅長用腿和拳，有人擅長用摔和拿，有人善於近戰，有人善於遠擊，有人靠力大，有人靠靈巧，應採取不同的策略和不同的招勢。如對方擅長遠距離拳腳攻擊，我們就偏偏貼緊其身，使對方難以出拳出腿；對方善於近距離的摔拿，我們就拳腳相送，使對手難於近身。

總之，千方百計地使對方的長處難以發揮出來，並千方百計地設法暴露對方，造成對方的弱點，又千方百計地利用我們的長處擒拿擊打對方，並善於隱蔽自己，克服自己的弱點，揚己之長，避己之短，使對方陷於被動地位，就能贏得搏擊擒拿的勝利。

2. 擒拿中的手與法

武術技擊主要包括：踢、打、摔、拿四個方面。它們在驚心動魄的格鬥中，根據格鬥的時機，所處的位置、面臨的對手不同而採用不同的方法。相互關連，缺一不可。格鬥並不是單一動作的連續重複，而是各種動作交替使用。進攻時，需要一招接一招，一招套一招，一招比一招嚴密，一招比一招犀利。防守時又要求我們招招破敵，黏連不離，有章有法，得心應手。

因此，造詣精深的武術家，踢、打、摔、拿四個方面必定都能精熟掌握、並在實戰中得心應手地加以運用。

有些習武者非常重視踢、打、摔的練習與運用，而對於拿法卻重視不夠。其實在技擊中拿法是非常重要的，它是技擊近戰中不可缺少的一種技法。拿法不只是獨立的拿，我們

在實施踢、打中也匯集這拿法的技巧，特別是近戰的摔法之中，更是摔中有拿，拿中有摔。所以說，拿法不僅僅是一種獨立的應用技法，而且在踢、打、摔三種技法中，也起著重要的作用，因此，各門各派拳法都非常重視拿法的練習和拿法在實戰中的應用，如傳統拳派梅花椿，它的上盤功夫中包括：刁、拿、鎖、帶、勾、摟、抱、打、崩、挑、劈、砸。拿法是梅花椿技擊上盤功法的重要組成部分。

實用擒拿技術千變萬化，擒拿中手法運用的好壞事關重大，是取得擒拿、技擊勝利的重要因素之一。

俗話說：「行家一出手，便知有沒有。」通過簡單的一伸手、一投足，行家就能看出你功夫的深淺，練的是哪家拳術功法。

各門各派拳法均非常重視基本功法與基本手法的練習和運用，在梅花椿拳法理論中有許多手與手法的精闢論述，如：「得門而入。」的理論，它將手與手法在技擊中的重要意義和運用講得極為透徹。其中這樣寫道：「拳之摧人，必近其身，方能跌出，如物之芷寶，不得其門而入時，縱有神仙拳，無由門堂直入探而取之。」

意思是說當進攻敵人的時候，必須先接近對方的身體，不接近敵身，就談不上制住對方，打動對方。接近敵身，是制住或打倒對方的基本條件，然而要想接近敵身又談何容易？敵身就好似一件東西藏在房屋裡面，如果不想辦法或沒有辦法進到房子裡，甚至連房子的大門都沒有找到，你想把房子裡的東西拿到手是不可能的。

在武術擒拿技擊中，我們將兩隻手比為房子的兩扇大門，梅花椿將手這道門又細分為三層，俗稱三層門。手尖手

腕為外大門，肘部為二道門，膀根才是第三道門。我們能夠打開這層大門就如同走進院中，來到屋裡，假如我們只是打開了第一道或第二道大門，我們說這時你只是剛剛走進院中，根本沒到屋裡，當然屋裡所藏之物無法取到。

如果在擒拿技擊中我們刁住、抓住、挑開、撥開的只是手尖手腕或是肘部，沒有控制住對方的膀根部，此時出手快者得先，手慢者吃虧，這僅僅是一拳一腳的得與失，並沒有將對方控制住，對方仍然有機會、有能力更拳換勢，改變招法和進攻的策略，向我們發起新的攻勢。

擒拿搏鬥中只有控制住對方的膀根，也就是必須打開對方的第三道門，才能隨我變化，使對方只有招架之功而無還手之力。因此，我們可以得出這樣的結論：只有打開三層門才能穩操必勝之券。

懂得了「得門而入」的理論，我們再來看看手法。在技擊中和擒拿時的手法很多，一般人們常用的有「先發制人」和「後發制人」兩種類別。先發制人和後發制人都是軍事術語。先發制人是指作戰時在敵人意想不到的情況下，集中優勢兵力，突然猛烈地發起進攻，達到一舉癱瘓敵人的目的。後發制人是指充分發揮主觀能動性，採取各種積極的手段，奪敵士氣，擾敵將心，疲敵體力，逐漸地疲憊和削弱敵人，然後適時抓住有利戰機，集中兵力將敵消滅。這是一種以逸待勞的戰法。

那麼運用到我們的武術技擊上，同軍事上相似，具體講先發制人，就是當與對方格鬥時，不等對方出手攻擊，就先出手，打對方一個措手不及，出其不意，以我們的士氣和迅雷不及掩耳閃電般的連環招法，制住對方，壓服對方，贏得

勝利。後發制人即指當對方出手向我進攻時，避其鋒芒，然後再出手還擊對方的一種策略。

「後發制人」的優點是能夠清楚地觀察對方招法的特點和弱點，摸清來龍去脈，抓住有利時機和空隙，準確有力地還擊對方。在技擊和擒拿時，不論是運用先發制人還是後發制人，都有他的優點和弊端，所以梅花椿拳派在技擊和擒拿時曾用「後發先制」的策略。

什麼叫「後發先制」呢？「後發先制」的策略手法要求技擊時出手進招在對方進招之後。雖然我們出手進招晚於對方，可是我們發出去的手猶如雷霆閃電，完成整套攻擊動作卻在對方之前，這種策略手法既有「後發制人」的效果，又有「先發制人」的威力，我們認為這才是攻擊擒拿中值得採用發揚的戰術手法。

但是，應該注意不論是採用「先發制人」「後發制人」或是「後發先制」的戰術手法，都不能忘記一出手就應該想辦法打開對方的第三道大門，控制對方膀根部，黏連不離、隨它任意變化，都不讓對方逃出自己的控制範圍，否則再好的戰略戰術，再好的手法招法也會落個竹籃打水一場空。

控制對方膀根就能收到開寸離尺的效果。即撥開對方膀根部一寸，前面手梢就會離開或移動一尺，對方必然會出現防禦中的空隙或漏洞，再近其身，制住對方，梅花椿拳術將這種開寸離尺的手法稱為「閃門之法」。

擒拿技術是短兵相連接與敵人進行近身近戰的一門格鬥技術，手法運用的好壞就更為重要了，它不但要求我們用技巧招法打開對方的三道大門，而且還需要從拿的勁力上控制住對方的三道大門，有些擒拿技法從表面上看只是拿住了對

方的梢節部位（手指或手腕），但我們所拿的勁力已通過梢節傳至中節直到根節，這樣仍然控制住對方的三道大門，使對方全身無法扭動。

著名武術家韓其昌老師就經常這樣教導我們：「在運用拿法時必須能夠拿住對方的三節，只拿住一節或二節是拿不住對方的。」這種勁力的養成是非常難的。它不但要有巧妙的擒拿連環招法，還要有力，最重要的是養成一種武術技擊中特有運動知覺，「動知者易，運知者難。」擒拿格鬥中，對方稍有動靜，我們就能相應地作出迅速反應。

從動作技巧上，從勁力上都能貼上、黏上、隨上、跟上，雖然動作不停地變換，而我們的勁力、力整不散，只有這樣我們才能真正做到隨風而進、隨風而化。

在擒拿技術手法上有些人對「巧」和「力」之間的關係認識不夠，處理得不好，其實「巧」和「力」是相輔相成的，缺一不可。顧名思義，「擒」字是手提飛鳥的意思，就是說要用「巧」（技巧、技藝），在巧中求快，快中求準，準中求狠。「拿」字是合手握攏的意思，擒拿兩字的含義是很深的，當然不能只從字面上去浮淺地理解，武術中的擒拿，「擒」即是反挫關節，分筋錯骨，「拿」就是掐拿穴位，刁拿錯扣。

俗話說：「百巧奇能，無力不行。」「巧」的有效發揮，大都是通過「力」來表現的，我們常說的「以巧破千斤」只是話的一半，應該還有一半話是「千斤力在後」。「以巧破千斤，千斤力在後。」這句話才算說完整。擒拿中：「只有抓得住，才能拿得住。」要想把敵人拿住，就先得想辦法，抓住對方。

抓住對方第一要靠力量，即有一定的功力和體力；如吊車要吊起一件重物，本身必須超出重物，甚至大大超出重物；第二要講速度和時機；第三要懂得拿和抓技法的要領和奧妙。雖說「千招百能，無力不成。」但是一個人光有傻力、蠻力、笨力、拙力、以亂撐亂撅是拿不住敵手的。如果只靠傻力、蠻力、笨力、拙力去抓拿敵手，那麼碰到力氣比自己大的對手，就會束手無策，俯首就擒了。

因此，拿法的精要是巧拙相濟、剛柔結合，既不只逞強力，也不只注意「巧」字。只注意技巧招法，就會忽略了力量在拿法中的重要作用，如一大人與一小童比試拿法，小童即使精熟抓拿技法，然而由於體力相差太遠，其作用於大人手之時，猶如蚍蜉撼樹，無可奈何。也就是只懂得擒拿技巧，沒有體力、巧力，搏擊中抓時抓不住、托時托不起、撥時撥不開、拿時拿不狠，再好的擒拿技術，手法也不可能發揮出來。因此，巧和力互為整體同樣重要，缺一不可。

力量的獲得是由基本功的練習、套路的練習以及其武術功法的練習逐漸養成的。通過長期的武術練習，身體由表及裡都起了變化，不僅增長了力量，還能做到「三節九段六合如一」，初步達到形、氣、神的統一。這時再學習武術中的擒拿術，才能較深刻地領會事法中巧破千斤的奧妙，掌握借勁、順勁、化勁、用勁的規律和原理。

比如：梅花樁拳法在論述拿法的理論中有這樣一段話：「見勁使勁借他勁，不可爭力逆進行。」這段話可以說是拿法的一條基本原則。它精闢地闡述了擒拿之中勁力如何發揮和運用。它要求我們在施展拿法時，要洞察對方的各種招法變化和勁力變化，並能夠從招法到勁道、方向、動作等方

面，迅速地跟上對方，隨上對方，貼住對方並能借助於對方的力量、順勁拿住對方，即所謂因敵而變。

正如孫子兵法所言：「兵無常勢，水無常形，能因敵變化而取勝者，謂之神。」這句一向為兵家所稱道的靈活用兵的至理名言，同樣適應武術的技擊格鬥中，它要求能順應對手的變化而動。如果我們在拿的過程中，自己的力量與對方的力量相互頂扭在一起、僵在一起，跟不上對手的動作、勁力和變化，習武者行話叫丟手或漏手，甚至為其所引導，所控制，戰機盡失，巧勁全無，只有招架之功，還談何拿法中的巧呢？這樣是不可能拿住對方的。

各種拳法都有它自己擒拿的風格、招式和勁道，梅花樁拳法中的擒拿招術更是奧妙無窮、變化多端，而有些擒拿密招，含有極深的哲理和兵機韜略。比如：梅花樁擒拿原理中曰：「出手引敵手，伸手不見手，見手必使手。」此即在與敵手對拿的過程中猶如敵手擺迷魂陣，使敵方摸不清我的真實意圖，甚至有意無意地按照我們的路數而動作，引對方出手，使之陷入我為之設的陷阱，為我所執。

有的時候我們所伸出的手並沒和對方肌膚接觸，只是在對方面前虛晃引逼，當對方一出手進攻，我則把手迅速抽撤回來，仍然和對方保持一定的距離，一定的角度和方向，以觀察對手的動靜虛實；有的時候為了更有效、更直接地引逼對方出手進攻，我們有意先將手伸出，賣點破綻，發出去的手並不避讓，任憑對方來抓來摸，可是當對方真的上當出手來抓摸我們發出的手時，又忽然把手抽了回來，更換招勢，出其不意地制住對方。此種手法變化較多、較快，時抽時出，時左時右，時上時下，時有時無。好的用手與對方捉迷

藏，梅花樁拳中稱這種手法為「出手引手，伸手不見手」。

在這個互相出手抓摸引逼時切記一條，就是當我們所伸出去的手，如果能夠搆上對方，與對方的手或是身體的任何一個部位接觸時，就決不猶豫，迅速進招攻擊對方，決不能再將已經伸出去的手搬回來，重新出手進招。

重新出手進招就會貽誤戰機，梅花樁將這種該進不進貽誤戰機的錯誤動作稱之為「另起爐灶」。所以，「見手必使手」，是擒拿中必須遵循的原則之一。「出手引敵手，伸手不見手，見手必使手。」不僅僅用在拿法中，它在武術技擊踢、打、摔中也有極其重要的實戰意義。

我們在擒拿中運用「出手引手，伸手不見手，見手必使手」的原則時，還應該注意看清、摸清對方來掌來拳的手型是什麼，拳面朝上還是朝下，拳眼朝上還是朝下，來掌的高低，陽掌還是陰掌，劈掌還是踏掌，腿是蹬還是踢，是點還是踏。再根據這些情景的方向、位置、勁道，以及我與對手的方位關係，進一步決定自己用抓還是用刁或是用其他手法來對付。當然這些都是在瞬間作出的反映，是需要長時間練習才能得來的。反手向外抓擰敵人為刁手，正手向內抓敵人為抓。刁和抓手型不同，方向不同，刁住和抓住之後在擒拿中所用的擒拿招法也截然不同。

但是有一條是相同的，只有抓住、刁住敵方才能拿住對方。刁抓住對手才能決定下一步用什麼招法還擊。所以一些著名武術家常說：「只有抓得住，還能拿得住。」

懂得了拿法中手法的運用原則，知道了「力」和「巧」的關係，但是僅靠手的力量是無法完全拿住對方的，還需要有身法和步法的和諧配合。俗話說：「上步需要先上身，腳

手齊到才為真」「腳去手不去，必是偷來藝」，這些話足以證明老一輩武術家對身法、步法是何等重視！一動則全身俱動，用的是整力，全身之力，而不是局部之力。靠一隻手，一隻腳，不懂得用整力，用身力，是難以拿住敵人的。

在擒拿的過程中做到運用出全身之力和整體之力步法是首要的，沒有步法就談不到身法，沒有身法就不可能產生整力和身力。要講究手、腿、步諸法的完美統一。梅花樁擒拿理論中，講究「三拉一閃，三追三趕」，其精義一方面是指在擒拿過程中，將身法和步法配合好。手快不如變身快，變身快不如步法快。拿法的招數技巧與身法步法配合好，才能隨屈就伸，神出鬼沒，才能更快更猛，變化自如。但更重要的是指在擒拿過程中，我們的勁道、勁力，能夠隨上、趕上、黏上、貼上……敵方不論是前伸、後撤、左拔、右轉、上抬、下壓，我們所拿的力量均能夠隨之變化，仍然做到勁力不減不散，始終將對方控制住。

擒拿中的每一技法，都應當依據對方招法變化和勁力變化，每一擒拿技術的實施都必須具備一定的條件，而不是不管搏鬥中的具體情況死拿硬要，死拿硬要不但拿不出好的擒拿效果，還會由於死拿硬要而反被人制的被動局面。要想在擒拿中將所學的招法、手法運用自如，一要勤學苦練，要有過硬的基本功。勤學苦練中養成手與手法快速的反應能力和應變能力。「功夫」就是時間和勤奮，只有我們反覆地練，不間斷地、認真仔細地揣磨，才能正確地掌握擒拿技術，才能正確體會擒拿中勁力的變化，才能在擒拿中不誤時機地使用擒拿中的手與法，才能拿出一個真正的「巧」字來。二要真打實做，在熟練掌握擒拿技法之後，經常與人練習，實

戰。梅花樁拳派中老前輩們經常講：「不會挨打，就不會打人。」在練習擒拿時也一樣，只想拿別人，占別人便宜，光想贏對方，不親自嘗一嘗被別人拿住是什麼滋味，就不可能知道拿住對方是什麼勁道，用什麼手法更合適。正所謂「要想知道梨子是什麼滋味，就得親口嘗一嘗」。經由挨打、挨摔、挨拿，就能更好體會如何拿別人。這樣，從實戰中不僅練動手與手法的快速反應能力和應變能力，還能培養出敢打、敢進、敢拿、敢拼的果敢的精神。藝高人膽大，膽大才能藝高。更重要的是通過久戰思磨，真正養成「運動知覺」，同時還要有恆心和毅力，做到「拳不離手」。

梅花樁拳論曰：「學藝容易練藝難，練藝容易守藝難，守藝容易懂藝難。」守藝就是鍛鍊、終身不懈的鍛鍊，要的就是恆心和毅力。而懂藝就是明其精髓，知其真諦，善其應用，真正練到藝上身，達到運用自如的程度，即不論是拳法、腿法、摔法、拿法都達到爛熟於心的造化意境。

梅花樁前輩老師們常常這樣說：「要練到拳無拳，意無意，無意之中是真藝。」這才能說習武者已達到藝上身的程度。有不少習武者，一輩子練拳、能說、能練、姿勢優美，可就是在實戰中發揮不出來。對這種情況，我認為大致有這麼兩種情況：一是練藝不精、所學的招法華而不實，不夠精深巧妙，不注意養練功夫。常言道：「練武不練功，到老一場空。」沒有功夫，再多的套路，再妙的招法，也只是個空架子。二是只注意練功，不注意實戰，缺乏應變能力。我們所學的招法、套路都是為了實戰，所以當熟練地掌握了套路和招法之後，就應當不斷地在實戰中去體會、驗證，這樣才能真正將所學的招法融化在身上，按照「拳無拳，意無意，

無意之中是真藝」的說法，拳來腳去，刁劈槍扎之時，能夠形成下意識的反應，不假思索地百拿百破，百打百破，克敵制勝，揮灑自如。只有這樣，在驚心動魄的格鬥中，在瞬息萬變的擒拿中，用好我們所學的手法和招法。

3. 擒拿基本手法

架

對方用拳或掌擊來，用前臂向上橫截，支撐對方前伸臂，稱之為架。

擰

對方用拳或掌擊來，抓住對方前臂或腕關節向裡或向外旋轉，將其控制住，稱之為擰。

抓

對方用拳或掌擊來，五指合力將其前臂或腕關節握住，稱之為抓。

推

對方用拳或掌擊來，用手向外或向前用力，使其前臂移動，改變攻擊方向，稱之為推。

托

對方用拳或掌由上向下擊來，我用手掌由下向上舉，控制對方手臂，阻止對方下擊，稱之為托。

抱

當對方用拳擊打我腹部時，我用手圈、圍住對方前伸臂，由裡向外用力，使其改變攻擊方向，稱之為抱。

刁

對方用拳或掌擊打我頭面部，我反手由裡向外，小拇指

一側先接觸對方前臂或腕關節，然後五指合力，將其前臂或腕關節攬住，稱之為刁。

砸

對方用拳或掌擊打我腹部時，我前臂屈，由上向下（拳心朝上），用前臂擊打對方前伸臂，使其改變攻擊方向後，迅速回收，稱之為砸。

拍

對方用拳或掌擊打我頭面部時，我用手掌向外，暫短擊打，迅速回收，使其改變攻擊方向，稱之為拍。

撥

對方用拳擊打我腹部時，我用前臂由上向下、向裡封堵，使對方攻擊方向改變後迅速回收，稱之為撥。

掛

對方用拳擊打我腹部時，我用前臂由上向下，當我前臂挨到對方前伸臂時，用力向外、向後封堵，使對方改變攻擊方向之後迅速回收，稱之為掛。

壓

對方用拳或掌擊打我腹部時，我前臂由上向下擠住對方前伸臂用力向下，中途不要脫開，使其改變攻擊方向，稱之為壓。

擄抓

對方用拳或掌擊打我頭面部，我用前臂由下向上橫截，當挨到對方前伸臂時，順勢反手抓住抓緊對方前臂或腕關節，用力向自己斜下方拉，稱之為擄抓。

拉

對方用拳或掌向我擊打時，我用手揪住握住對方前伸臂

或腕關節，用力回扯、回拽，稱之為拉。

擠

自己的身體緊緊挨著對方的身體，靠緊，靠實，中間不要留有空隙，同時用力前靠，稱之為擠。

按

對方用拳或掌擊打我中部，我用手掌壓住對方前伸臂，中途不要離開，始終貼緊對方，不但使其改變攻擊方向，還可牢牢被我所控，稱之為按。

攬架

對方用拳或掌擊打我頭面部，我用前臂向上斜方架出，此時上架前臂拳心對著自己，挨到對方前臂後迅速外旋上架前臂，使拳心朝外，上架前臂始終挨緊貼實對方前臂，不但使對方前臂改變攻擊方向，還可緊緊將其控制住，稱之為攬架。

4. 擒拿基本步法

練武講究手、眼、身、法、步、精、神、氣、力、功。技擊是武術中的精髓，又是對「手眼身法步，精神氣力功」的最好驗證。「精神氣力功」指的是精要充沛，氣要沉實，力量順達，功夫純真。民間習武者特別注重武術中的技擊，對於技擊的論述也頗多，特別是技擊的時候究竟以何為先，何為最重要的因素更是論說不一。

有人認為「一力降十會，力大勝三分」「千招百招，無力不成」，充分強調了以力為主，在技擊中強調以力為先，力量是技擊之本。但是也有人認為「一打膽，二打眼，三打身法，四打閃」，這些說法又突出強調膽量是技擊中勝敵之

首要。還有人提出「拳是兩扇門，無腿打不了人」「腳打七分，手打三」，認為腿比拳有力，腿又比臂長，攻擊對方更隱蔽，所以腿法在技擊之中應該是起決定性的作用。甚至還有人強調氣功的威力——著人肌膚堅剛莫敵者為形，而深入骨髓截斷營衛則在於氣或是其他等等。

以上所講的力量、速度、腿法、身法、招法、膽量和氣功在技擊中的運用，我認為它們是技擊中取得勝利的重要條件和重要保障，缺一不可。

但是，在驚心動魄的格鬥中又是什麼把以上各個條件串連起來使之更好地運用和發揮呢？技擊時鑽蹦跳躍，左旋右轉，不論是接近敵人進行攻擊，或是躲閃對方的攻擊，雙方都在不停地處於運動之中，敵我都在不斷巧妙地運用各種步型或步法。使自己隨時隨地處於有利的地形和位置，所以說技擊中步型和步法不但十分重要而且起著連接各種拳式、創造搏擊中攻擊條件、控制攻擊和防守速度、為搏擊勝利贏得可貴時間等等作用。

只有巧妙地運用步型、步法，才能使速度、腿法、身法、招法、膽量……更好地發揮。沒有步型和步法的巧妙變化，再有力量，招法，膽量，你的技術也不好發揮。追、追不上對方，對方進攻要撤時又撤不走，躲又躲不開。那力量、招法、膽量不都成了空話嗎？

我們常常聽到一些著名拳師們這樣談起：「上步不到，等於瞎鬧」「步不靈，閃不行，步法亂，手則慢」和「步不穩則拳亂，步不快則拳慢」等等。古老傳統的梅花樁拳論中就明確指出：「拳快不如變身快，身快不如步法快」，甚至把技擊中的步法變化與布陣聯在一起，用靈活多變的步法，

忽東、忽西，忽南、忽北，忽左、忽右，忽進、忽退，左旋右轉，行左實右，行東就西，使敵手如入十里霧中不能辨其方向，將對方的思維、招法攪亂，使對手不戰自亂，再也難以進招。

有些人在擊打格鬥中往往不會應用步法，不懂步法的巧妙變化或是運用步法過於簡單，只知道直進直退，因此在格鬥中失利，或是在格鬥中總是處於被動的局面，處於被動的地形或被動的位置。

梅花樁拳前輩老師有句口頭禪，「不知進退枉學藝，不知起落空靈利」，因此，我們在日常技擊練習時就應該特別注意進退起落的步型、步法及其使用時機等等。還要做到「彼不動己不動，彼微動，我先動」，意思是敵手不動的時候我應該密切注視對方，不輕易而動，不輕易而發；可當敵手稍有動作的時候我已經覺察其意圖，我的動作應比對手動作還快，動在對手後面，完成動作和招法卻在對手之前。

要做到這點僅靠一個人反應的快慢是不夠的，更重要的要靠我們靈活多變的身法和步法了，如果我們能非常巧妙地將疾步、剪步、抽撤步、顛換步、偷步、躍步、墊步、進步、退步、滑步、閃步……綜合在一起隨勢而發，並進一步總結出一套擊打格鬥中進攻和防禦的有規律的組合步法，取得最佳的進攻和退卻路線，攻則疾，退則快，閃則靈，形式多樣，變化萬千，這樣在技擊時就會得心應手主動多了。

馬步

武術主要步型之一，形似騎馬的姿勢，故稱「騎馬蹲襠式」。兩腳開立，約自身一步，兩腿屈平，兩腳全腳掌著

地，腳尖正對前方。扣足展膝，兩膝不得超過腳尖，挺胸，
塌腰，頭正收頜，目平視前方。

弓步

武術中的主要步型之一，也稱「弓箭步」「弓襠步」。
兩腳前後開立一大步，前腿屈膝半蹲，後腿挺膝伸直，兩腳
均全腳掌著地，上體保持挺胸，塌腰，不得撅臀。前腿屈
膝。不同門派有不同的要求，如有的拳種要求前腳微內扣，
膝部的投影不得超過腳尖，也不可落在腳跟之後，後腳要求
盡量內扣，不可掀腳拔跟，梅花拳則要求弓步前腿屈膝，大
小兩腿內夾角為90°，並要求髖關節外展。

叉步

兩腿交叉約半步，前腳腳尖外擺約45°，屈膝，另一腿
伸直，前腳掌著地，目視遠方。

仆步

一腿向體側伸直，平鋪地面，腳尖內扣，另一腿屈膝全
蹲，腳尖略向外展，全腳著地，臀部盡量接近小腿，上身保
持挺胸，塌腰，目視前方。

半馬步

半馬步又稱四六步，身體側向前，兩腳前後開立約半
步，前腿稍屈，腳尖微向裡扣，後腿屈膝下蹲，大腿水平，
重心略偏於後腿，前腿力量為四，後腿力量為六，目視前
方。

後點步

兩腿直立，一腳後撤半步（一至兩腳），以腳尖點地面，前腳全腳著地，重心置於前腿，目視前方。

歇步

兩腳交叉，重心下降，屈膝全蹲，前腳腳尖外展，全腳掌著地，後腳腳跟抬起，臀部坐在小腿接近後跟處，上體保持挺胸，塌腰，注意身體的平衡，目視對方。

虛步

兩腳前後開立約半步，前腿微屈，腳面繃緊，腳尖虛點地面。後腳腳尖外展 45°，全腳掌著地，屈膝半蹲，並承受身體的大部分重量，注意保持身體的平衡穩定。目視前方。

躍步

前腳蹬地跳起，後腳提起前擺，兩腳一前一後，依次落地，兩腿微屈，注意保持身體平衡和重心穩定。目視前方。

併步

兩腳併攏，兩腿伸直，兩腳全腳著地，腳尖併攏朝前，目視前方。

行步

行步是一種運動步法，兩腿微屈，步幅均勻，邁步平穩，重心不得上下起伏，上身不得左右搖擺，兩腳不許騰

空，目視前方。

拖步

一腳向前上步，另一腳在後拖跟一步，腳尖外擺，腳內側著地。目視前方。

磨脛步

兩腿微屈，兩腳交替前邁，一腳前邁時，後腳收於支撐腳內側踝關節處，腳掌離地約 1 寸左右，與地面平行，兩腳尖均向前，目前視。

蓋步

兩腿平行開立，左腿站立，右膝上抬，右腳由左腿前向下斜插，屈膝落地，上體左後轉體 180°，成兩腿平行開立姿勢，注意保持身體平衡和重心穩定，目視前方。

背步

兩腿平行開立，右腿站立，左腿屈膝上抬由右腿後面向下斜插，上體左後轉體 180°，左腿落地後成兩腿平行開立姿勢，目視前方。

閃步

兩腿前後開立約一步，左腳在前，右腳在後，以左前腳掌為軸，腳尖外擺，右腳向右移動，上體保持原樣，注意保持平衡，仍左腳在前，右腳在後約一步距離，目視前方。

疾步

右腳掌擦地向前滑動，左腳抬起向前上步，左腳落地，右腳迅速跟步，上體保持平穩，兩腳微屈保持重心穩定，目視前方。右腳在前為右疾步，左腳在前為左疾步。

前交叉步

兩腿開立約一步，腳尖向前，右腳蹬地，左腳提起，從右腿前向右邁步，腳落於右腳的右側，兩腿交叉，右腿從左腳後迅速右移，兩腳左右間隔約一腳寬，前後開立，仍保持一步左右，注意保持上體平穩和重心穩定。向左插步為左交叉步，向右插步為右交叉步，目視前方。

後交叉步

兩腿開立約一步，腳尖向前，右腳蹬地，左腳提起，從右腿後向右邁步，腳落於右腳的右側，兩腿交叉。右腿從左腳前迅速右移，兩腳左右間隔約一腳寬，前後開立仍保持一步左右，注意保持上體平穩和重心穩定，目視前方。

跳併步

一腳上提，另一腳蹬地上跳，兩腿在空中併在一起，兩腳同時落地。上跳時要注意保持身體平衡，落地要輕靈，目視前方。

跟步

兩腳前後站立約一步寬，雙腿微屈，一腳前進，另一腳

跟前，仍然保持原來兩腳距離。前進時要保持身體平衡，重心穩定，目視前方。

跪步

兩腿一前一後約一步，前腿屈膝下弓，後腿屈膝下跪，膝部微離地面或觸地，前腳全腳著地，後腳前腳掌著地或腳尖點地。保持上體平衡，目視前方。

跨跳步

上身保持平穩，後腳腳掌內側蹬地跳起，前腳前擺落地，兩腿微屈，目視前方。

撤步

右腳在後，左腳內側蹬地，經右腿內側向後退步，落腳於右腿後約一步，兩腿微屈，撤右腳時左腳內側蹬地。後撤步時要保持重心穩定，動作輕巧，目視前方。

前進步

右腳在前時，右腳腳內側蹬地，左腿向前邁步，邁步時腳掌擦地向前不要離地過高，兩腳相離一步，兩膝微屈。移動時，保持重心穩定，上體可稍前傾。動作要迅速，輕靈，目視前方。

後退步

右腳在前、左腳在後時，左腳內側蹬地，右腳向後擦地後撤，落於左腳後方，兩腳約相離一步，兩膝微屈。移動時

要保持身體平衡，重心穩定，目視前方。

偷步

兩腿開立約一步，右腳在前，左腳在後，右腳蹬地，腳尖微向左轉，左腳抬起，由右腿後往右腿右側落於右腳右前方，同時身體左後轉，腳跟朝前，上體繼續左轉，變成左腳在前，右腳在後，兩腳左右間隔約一腳寬，前後開立約一步，兩腿微屈，腳尖向前，左轉體向前邁左步為左偷步，右轉體向前邁右步為右偷步。注意保持上體平穩和重心穩定，目視前方。

顛換步

兩腿平行開立，與肩同寬，右腳蹬地，以前腳掌蹬地，左腳前腳掌蹬地上提，同時上體左後轉身在空中轉體180°，改變了原來站位的方向，落地後仍保持兩腿平行開立，與肩同寬。注意保持上體平穩和重心穩定，目視前方。

5.梅花樁應用步法

梅花樁拳中應用步法非常多，有一種最有特色而且簡單實用，樸實無華的步法，叫做八方步，又名群步，也有人將它稱為交手認路戰巧法。八方步在梅花樁中稱為散手之母，可見這種步法在技擊中是多麼重要了。

八方步又分為大八方步、中八方步和小八方步三種，因時、因人、因地而用。小八方步腳落三點，中八方步腳落五點。大八方為亂點，隨步而進，隨勢而布，步隨身換，腳隨手出，見機而行。練到大八方的時候已無定形定勢，絕手亂

拳包藏在其中。

我們在瞬息萬變的擊打格鬥時，往往由於步法不精、步法不清，所謂步眼步點亂了，而造成腳下無根，左搖右晃，失去自身平衡，失去了進攻的能力；或是由於「步亂手慢」貽誤了戰機，甚至因為步法亂使對手有機可乘，致使格鬥失利。而梅花樁拳中的八方步妙就妙在陰出陽入，陽出陰入，點攪四面，支撐八方，步眼簡練、清楚，走其捷徑，快而有序，不少前輩老師通過長期的實踐認為它是技擊中的一種理想步法。

下面就將八方步中的兩種常用、易學而又實用的步法——小八方步和中八方步介紹給大家。

小八方步

小八方步腳落三點，開始姿勢成小騎馬蹲襠勢。姿勢不要過低，姿勢太低會影響攻擊的速度。過高也不行，姿勢過高接近站立時的姿勢，導致重心過高，目標過大，給對手創造了攻擊的機會。所以小八方步的小騎馬蹲襠勢要因人而異，因人而定，因功夫大小而定，高矮要適度，或根據搏擊的需要時高時低。

小騎馬蹲襠勢站好以後，兩臂向左右兩側平伸，肩與肘都要放鬆，身體保持自然，兩掌五指舒張，不能過分用力。過分用力、過於僵硬不但會影響動作的發揮、動作的質量，還會影響動作的速度。上身要正，保持身體平衡穩定。當步伐移動時，前手隨前步，後手隨後步，做順時針轉動，意思是以手的晃動迷惑、誘惑對手。步停手即停，步動手隨動，手腳相隨，眼睛隨晃動前伸的手向前觀視。

注意觀察對手的微小動作，在平時練習的時候做到眼前無人似有人，但是在擊打格鬥時做到眼前有人似無人，要養成手、眼、身、法、步相隨相進，完整統一。

小八方步法圖解

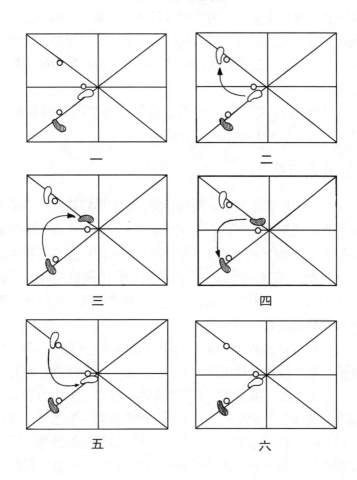

一　　　　　二

三　　　　　四

五　　　　　六

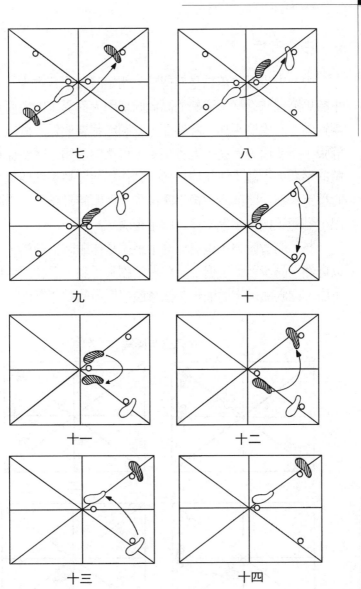

七　　　　　　　　　八

九　　　　　　　　　十

十一　　　　　　　　十二

十三　　　　　　　　十四

中八方步

中八方步腳的落點是五個點。開始時和小八方步一樣，小騎馬蹲襠勢站好，姿勢的高低同樣因人而異，因人而定。兩臂向左右兩側平伸，腕關節、肘關節都要放鬆，兩掌五指舒張，不要用力過猛，上身正直，可微向前傾，隨時保持身體的平衡。不論步法如何變換，動作如何變換，都要保持重心穩定。前手隨前步，後手隨後步，做順時針轉環，步隨手出，腳隨手換，步停手停，腳手相隨。

為了節省體力，也可以兩手不總是作順時針轉動，也可以自然地隨步前伸，但一定要做到腳到手到，手腳配合協調有序。兩眼隨前出手前視，注意觀察對方的動作變化。

中八方步圖解

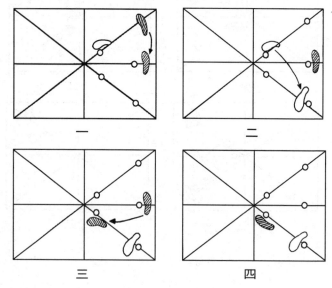

一 二

三 四

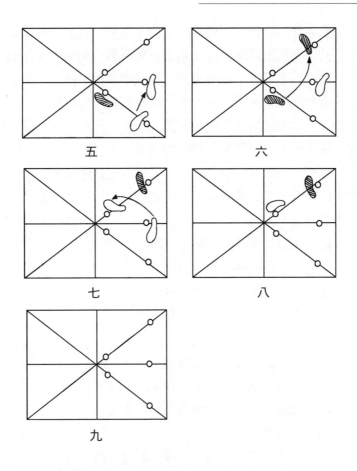

五　　　　　　　　　六

七　　　　　　　　　八

九

6. 擒拿中力的巧用

　　擒拿招法是從傳統武術中昇華出來的技擊利招，它是武術「踢打摔拿」的技擊內容之一，尤重「巧」字。擒拿的巧體現在動作的快捷和利用人體反關節的弱點，用小力制大力。這裡就武術中力的種類及帶有普遍指導意義的原理加以介紹。

衝力等於物體的質量乘以速度。這是一個非常簡單的力學公式，然而對武功來講，它並不能解釋一切問題。比如，人們敬慕的著名武術家韓慕俠，比武中擊敗了俄國大力士，論體重他比俄國大力士輕得多，論身高他又比俄國大力士矮一截，但他的確取得了比武的勝利。從古至今武林中以弱勝強、以小勝大、以體輕勝體重的例子舉不勝舉。

　　那麼，中華武功中所講的力又是一個什麼樣的力呢？武功中所講的力又分哪幾種、哪幾類呢？一般來講，武功中的力大致分為十八種：

　　剛力：力猛，速快，剛堅莫敵；

　　柔力：以柔克剛，柔中有剛；

　　寸力：一著疾發，臨近疾發；

　　化力：避其鋒芒，分化轉變；

　　短力：時間短，速度快，發力急；

　　長力：力蓄勁厚，放長擊遠；

　　橫力：直進橫出，力擋千斤；

　　豎力：萬夫不當，眼前有人似無人；

　　脆力：冷彈脆快，一發即收；

　　黏力：遇虛則變，遇實必進，黏連不離；

　　貼力：聽勁用勁，疾緩互變；

　　旋轉力：力走螺旋，猶如鋼鑽；

　　抖力：順發即逝，猶如皮膚燃火星；

　　掙力：四肢外掙，勁如拉弓；

　　鑽力：滾壓擰鑽，見縫插針；

　　彈力：蓄勁如壓簧，發力如拔銷；

　　明力：發力明顯，力量充實；

暗力：含蓄內在，勁力充盈。

這些力在技擊實戰中各有所長，各有各的威力，實戰中根據需要該用哪種力，就用哪種力，才能收到較好的技擊效果。

武諺中也有許多涉及力的應用，比如「四兩撥千斤」，它講的是撥和巧兩種力的結合，其中包含橫、豎、化、順、黏等等勁力，是眾多力的巧妙組合和應用。

「力」有三個要素，即力的大小、方向和作用點。不論是攻擊對方的發力或是防守時的發力，都需要研究這三點。

我們攻擊敵人發力不夠，就構不上對敵人的威脅，攻擊不講究力的方向和作用，就談不上攻擊的實效。防守時，如果我們想破壞掉對方的攻擊，使對方所發的力不構成對自己的傷害和威脅，一種方法就是用大於對方所發的力反方向頂住抵消它。還有一種方法就是順其勢，借其力，從多種方向，最合理、最有效地將對方的力破壞掉。

假設敵來拳來掌所發出的力是二百公斤，來勢凶猛疾快，他發來的力是直勁，力的運動方向是直線運動，我避其鋒芒，順他發力的方向，橫撥或上挑，以橫破豎，我們橫撥上挑所用的力要比對方直線打來的力小得多，但改變了對方力的運動方向和作用點，收到較好的防守效果，「四兩撥千斤」的奧妙就在其中。

還有一種方法，引進落空，吸卸柔化，輾轉扭蹭，以圓破直，猶如水上漂球，沒有棱角，你抓，抓不著，你打，打不上，又圓活又光滑，而它著力疾變，著力疾發，攻防合一，對方的拳掌擊來，如同擊在皮球上，一打一轉，對方有勁也用不上，又好似膠水一樣，對方擊來就將其黏住，貼

住，打，打不上，抽，抽不走，對方難以更拳換勢。

以巧破千斤，要求習武人在驚心動魄的搏擊擒拿中巧妙地利用自身的優勢，靈活多變，充分利用熟練的技法技巧，做到「借勁使勁順他勁，不可爭力逆進行」，從而收到事半功倍的效果，但是在擒拿搏擊中只講巧不講力也是不行的，力為本，武諺中有這樣一句話「一力降十會」，可見力量在擒拿搏擊中也是不可缺少的因素之一，我們在習武過程中，不可忽視力量的練習，所以說以巧破千斤只是這句話的一半，另一半話應為千斤力在後，這樣才能穩操勝券。

歷代武術家就是由不斷實踐，運用了力學原理，緊緊把握住力的方向、力的作用點、力的規律，並結合人體自身的生理結構，總結出武術攻防中的勁力經驗，並視為珍寶，輕易不外傳外露。只懂武術的招法，不懂勁力、勁道，也就是不懂力的巧妙應用，再好的招式也就成了一句空話。

7. 擒拿中眼法的妙用

眼睛雖小，但在擒拿中卻非常重要。兩眼、兩耳、兩個鼻孔、口加在一起，古人稱之為「七竅」。眼睛能洞察萬物活動，按現代科學觀點講，它是人類獲取外界信息或客觀世界的「信號接收器」。人們常用「眼中不容沙」來形容眼睛對外界客觀事物的敏感程度。由眼睛表露的神情又能反映出一個人的氣質、威嚴、精明、凶狠或呆滯。

在驚心動魄的擒拿格鬥中，眼睛的作用就更重要了。不少武術門派都非常重視眼睛的培養與眼法的訓練，認為：「心為元帥，眼為先行，耳為偵探，腳似戰馬，手似刀槍。」「破敵全憑一雙眼」「眼觀六路，耳聽八方」等等。

擒拿中也要運用眼法來體現戰略戰術，做到威懾敵人、迷惑敵人、快速捕捉戰機，克敵制勝。傳統武術理論中有神、色、聲、氣的四字要領。「神」是指眼神，「色」是神態表情，實際是內心世界的外觀。「聲」即是聲音，「氣」說的是氣質。防衛格鬥時，用一雙銳利的眼睛，使對方從心理上受到威懾，產生一種畏懼、膽怯的心理，這時的一雙眼睛有「震敵」之威。

擒拿格鬥中眼睛是第一個審視對方的感覺器官，由眼睛的觀察，能夠洞察對方的微妙變化，首先在「情報」和心理上獲得優勢。如果我們兩眼觀察的能力差，觀察不出對方技術動作和心理上的微小變化，或是雖然能觀察出對方的動作變化，但不及時，總是比人家慢半拍，甚至出現觀察判斷上的錯誤，對方打東我防西，對方打上我防下，這樣的防衛必然會出現失誤。所以說，觀敵是眼睛的第一功能，防衛搏擊中快速的運動變換，能夠正確地觀敵，並迅速做出相應的反應和動作是很不容易的。平時不注意眼功的鍛鍊，快速的反應和應變能力就不可能養成。

我們在平時練好眼功、擒拿中還要懂得眼法的運用。眼睛的細小變化，往往會收到意想不到的效果。我先舉個防衛搏擊之外的例子，如果我們參加一次高水準的歌舞音樂會，演員在臺上歌唱遼闊的內蒙古大草原，隨著燈光布景的變換，加上演員優美動人的歌聲，你好像真的來到了大草原，看到了牧民放牧的情景，此刻有一種身臨其境的感覺，陶醉在歌聲之中。文藝界將眼睛稱為「感情的門窗」，很多複雜細膩的情感都是由眼神傳遞出來的。

在擒拿搏擊中也往往因為眼神的微小變化使對方產生錯

覺，起到誘惑、迷惑或麻痺敵人的作用，達到我們進攻或防守的目的，這就是我們防衛搏擊中所運用的眼法。常用的眼法有「看上打下」「看東打西」「看左擊右」……

眼法運用得好，虛虛實實就能夠有效地麻痺、誘惑或迷惑敵人，贏得時間，抓住戰機，使對方出現空隙、漏洞，乘虛而入，取得勝利。

擒拿搏擊中離不開眼睛和眼法，眼睛和眼法是取得防衛勝利的重要因素之一。但是眼睛眼功的練習，眼法的練習和養成是比較難的，所以我們在練習自衛防衛技術時就應該特別注重眼睛的鍛鍊、眼法的練習。

練習眼法的方法非常多，比如「空視練習法」「餘光練習法」「感應練習法」「綜合練習法」……最好的眼法練習筆者認為是與平時防衛技術動作招法相結合的練法，使每個細小動作都隨眼而行，步到身到。不論是進攻還是防守，都做到腳隨手出，步隨身換，神形相隨。經過一段長時間的有意識的眼法練習，必會收到較好的效果。

8. 擒拿中的心理戰

人的一切活動都是在心理活動支配下進行的，防衛心理素質的好與壞，決定防衛技能的發揮，會直接影響緊急情況下防衛策略的確立和實施。

由此看來，遇到犯罪分子，首先應具備沉著鎮定、機智果斷的應變能力，再根據場景環境、勢態變化及犯罪分子自身的情況採取靈活多變的策略是非常重要的。

在與犯罪分子搏鬥時需要沉著鎮定的同時，也應該注意犯罪分子的心理變化。犯罪分子普遍具有恐慌不安的僥倖心

理。往往罪犯在作案時如驚弓之鳥，聽到點響聲動靜都會忐忑不安，我們在實施防衛時要牢牢抓住罪犯的心理弱點，越沉著鎮定，對方則越心慌意亂，所以要利用高聲呼叫謊叫來人、法律攻心、拖延時間等手段，對犯罪分子施加心理壓力，尋找最佳的擒敵戰機，同時應注意觀察迅速弄清罪犯心理變化的臨界點。

　　什麼叫臨界點呢？辭書上說：「由一種狀態轉變成另一種狀態的那種條件叫臨界點。」由此而論，我們可以理解為犯罪心理的臨界點便是由一個不軌動機轉變為另一種實施動機的分界線。因為心理結構決定達到或超過臨界點，中止犯罪的可能性就越小，因此，我們要儘可能在其達到臨界點之前採取必要的手段。罪犯的心理臨界點一般透過觀察罪犯的神態、舉止行為、語言口氣等方面來判斷，如罪犯神態呈現猶豫不安、神態恐慌，說明內心仍在心理衝突中。

　　儘管罪犯語言恐嚇威脅，但是底氣不足，左顧右盼，又遲遲不見攻擊動作，或是攻擊動作遲鈍，無力，這說明罪犯內心矛盾重重、惶惶不安。

　　以上現象均說明雖然罪犯的犯罪動機已經暴露，犯罪的事實已經成立，但罪犯的心理上尚未達到臨界點，尚未達到完全失去理智的程度，這時對犯罪行為來說僅處於量變階段，還沒有突破「度」的制約，罪犯的犯罪心理結構往往還沒有趨於穩定，心理上尚有部分理智和抑制的因素存在，抓住利用罪犯臨界點尚未達到之前，採取不同的手段，不同的策略及時扼止其行為動機，使其犯罪終止或將犯罪分子制服，這些都需要冷靜的頭腦，堅強的自信心。除此以外靈活的策略也是非常重要的。隨著勢態的變化、場景變化、犯罪

分子自身的變化，我們的策略也要隨之變化。《孫子兵法‧計篇》中說：「強而避之」，對於強大凶猛的敵人要暫時避開他，避其銳氣，尋找機會再打擊敵人。

孫子又曰：「先為不可勝，以待敵之可勝。」使自己立於不敗之地，有把握取勝而後求戰。這裡的避，並不是避而不打，而是避免不必要的無畏犧牲和受挫，避其銳氣常常表現為以退求進，誘敵深入，待機採取突然迅猛的行動，制服犯罪分子。

因此，在與犯罪分子鬥爭中，具備良好的心理素質，掌握控制犯罪分子的臨界點，運用靈活機動的戰略戰術是非常重要的。

9. 擒拿中的關節與神經

要儘快掌握擒拿技術，就要學其法，明其理，我們擒拿的對象是人，所以首先應該了解人，了解人體的結構，了解人思維活動的規律，了解人體的要害及薄弱部位……只有掌握了上述知識，才能正確地理解擒拿技術，掌握正確的發力、用力順序，理解掌握擒拿技術動作要領。

人的運動系統由骨、骨連結和骨骼肌三部分組成，三者密切聯繫，相互依托。骨是運動的槓桿，骨連結起樞紐作用，骨骼肌則是運動的動力部分。成人的骨共有 206 塊，多數是成對的，只有少數骨不成對，青少年在骨化完成以前，骨的數目多於成人。人體骨骼分為中軸骨和附肢骨兩大部分，運動系統的功能首先在於使軀體在空間移動及使身體各部分相互關係發生變動，並能維持人身體各部分以及整體的姿勢、位置，除此還有支持體重構成人體基本外形，保護腦

髓和內臟，協助內臟進行活動等等。

　　人體骨一般分為長骨、短骨、扁骨、不規則骨四類。骨的內部構造又分骨膜、骨質和骨髓，骨的化學成分由有機物和無機物構成，骨的有機物使骨具有彈性，無機物使骨具有堅固性，從力學觀點分析骨的結構有以下幾個特點，骨小梁是按照一定的次序排列的，一部分骨小梁與壓力方向一致，組成壓力曲線，另一部分骨小梁與牽引力方向一致，組成張力曲線，骨小梁的這種配布，使骨以最小的材料便可達到最大的堅固性。

　　據研究，新鮮的骨能承受 15 公斤 / 毫米平方的壓力，並且具有幾乎相等的抗張力。骨受到壓縮負荷時，是由兩端傳遞壓力的，根據運動生物力學的分析測定，骨的壓縮負荷、拉張負荷、彎曲負荷都較強，而它的扭轉負荷卻比較弱，也就是骨的扭轉強度較小。

　　人體全身骨與骨之間以一定的結構相連，稱為骨連結，骨的連結分為兩類，直接連結和間接連結，直接連結根據骨間連結組織的不同，可分為纖維連結和軟骨連結，這種連結沒有任何間斷和縫隙的連結，它活動範圍非常小或完全不能活動，故又稱不動關節。間接連結又稱滑膜關節，簡稱關節，關節的基本結構，包括關節面及關節軟骨、關節囊和關節腔。

　　關節面及關節軟骨，骨關節面是指連結骨相鄰的骨面，一般為一凸一凹，即關節頭與關節窩。關節軟骨具有彈性，可承擔負荷，減緩震動和防止骨關節面的磨損，以及增加關節的靈活性，它覆蓋在骨關節面上。

　　附在關節面周緣的骨面上，包住關節四周的叫關節囊，

它分為內、外兩層，外層為纖維層，內層為滑膜層，在某些關節，纖維層局部增厚，形成韌帶，以加強關節的穩固性，制止關節過度運動。滑膜層薄而光滑，含有豐富的血管和淋巴管，能分泌少量滑液，潤滑關節和滋養關節軟骨，並有吸收的功能。關節囊滑膜層與關節軟骨之間形成關節腔，內含少量滑液，關節腔內呈負壓，低於大氣壓，這對維持關節的穩固性有一定作用。

為適應特殊功能的需要，分化的一些結構稱之為關節的輔助結構，關節的輔助結構主要有韌帶，關節內軟骨，關節唇；滑液囊和滑膜關節的輔助結構，分別有增加關節的穩固性，限制關節過度運動及避免關節面過大的撞擊和磨損，減少肌腱與骨之間的摩擦等等。

關節的運動形式與它的形態結構密切相關，各關節面的形狀不同，其運動形式也就不同，每一關節的運動都可以說是圍繞著一定的軸進行的，人體的關節可分為單軸關節、雙軸關節和多軸關節三大類。

單軸關節，只能圍繞一個軸運動，如滑車關節，其關節面形似滑車，像手指間關節，它們只能繞一個軸做屈伸運動。又如車軸關節橈尺近側與遠側關節，關節面的一面像圓柱狀，另一面為環狀或部分環狀，只能繞垂直軸做旋轉運動。

雙軸關節，是指可繞兩個運動軸運動的關節，如橢圓關節（橈腕關節），關節頭呈橢圓形凸面，關節窩為橢圓形的凹面，能繞冠狀軸做屈伸運動和繞矢狀軸做內收、外展運動，也可做一定程度的環轉運動，又如鞍狀關節（腕掌關節），兩骨的關節面都呈馬鞍狀，作十字形交叉結合，可做

屈伸與內收外展運動，還可稍做環轉運動。

多軸關節，具有三個互相垂直的運動軸，可做多種方向的運動，如平面關節（腕骨間關節），關節面接近平面，可作滑動。因此是多軸關節的一種形式。多軸關節是球窩關節，關節的頭呈球狀，關節窩與它相適應，關節窩小而淺，因而它是人體活動範圍最大的關節，如人體的肩關節，可做屈伸、內收、外展、旋外和環轉運動。

關節囊的厚薄與鬆緊度，韌帶的多少與強弱，肌肉的力量，關節的類型都影響關節運動的幅度，我們了解了骨和骨連結，在實施擒拿中就能夠根據不同位置，不同的關節，採取相應的技術控制關節，應用不同的扭轉力量，扭轉方向，損傷破壞韌帶、肌肉和關節，使之喪失戰鬥力。

理論是人們在實踐活動中經驗的積累和總結，反過來理論又對具體的實踐起指導作用。我們了解了人體骨、關節活動的規律和範圍，及其人體外界擊打所能觸及的要害部位，我們實施擒拿技術，也就是利用人體中各關節的不同活動範圍，根據韌帶的強弱，根據對方的不同站位，不同的姿勢……伺機審勢來實施的。

了解人體中關節活動的範圍和規律，在實際搏鬥中就能更有效地給對方造成應有的損害。

我們在研究學習擒拿技術時除研究掌握關節知識外，還要重點掌握人體神經的走向。

神經系統是人體主要的機能調節系統，人體各器官系統的活動，都是直接或間接地在神經系統的控制下進行的，神經組織是由神經元與神經膠質構成的，神經元是神經系統的結構與機能的基本單位，神經系統可分為中樞神經與周圍神

經系統兩部分。中樞神經系統由腦和脊髓組成，腦又分為大腦、間腦、腦幹及小腦。由腦和脊髓發出的神經纖維構成周圍神經系統。

神經系統的機能是很複雜的，但它的基本活動方式就是反射，中樞神經系統由感受器和傳入神經接受刺激而產生感覺，又由傳出神經支配各效應器的活動，人的思維和意識活動，就是大腦皮質一定神經反射活動的產物。

我們了解了神經對人體活動的重要意義。再進一步研究神經的走向，以便在實施擒拿中能夠正確地選擇擊打的部位，取得更好的擒拿效果。

神經多沿骨幹與血管伴行，大多處在肌群的深處，外邊有較厚的肌群保護，但是，它通過關節或是人體一些特定部位時，常常會出現外邊肌群較薄甚至沒有肌群保護的現象。例如頸椎部，如果在搏鬥時對頸椎實施切打、扳擰、旋擰、頸椎錯動，必然會傷其中樞神經，給對方造成傷害，重者會死亡，又如肘關節鷹嘴溝處，尺神經由那裡通過，肌群非常薄，如果我們在擒拿過程中，對肘關節實施掐拿或擊打，該部位極容易受損，會直接傷及尺神經，造成對方前臂疼麻、無力、不能抬起等現象，從而失去抵抗的能力。

由於本書主要介紹擒拿的練習方法和擒拿的技法，所以有關神經的作用，神經的走向……就不多寫了，希望習武者參閱有關運動解剖、運動生理方面的書籍、資料，進一步加深研究，將有助於擒拿。

10.人體要害部位

（1）頭面部

頭部是人體的中樞，它由顱與面兩部分組成。顱由 23 塊骨組成，除下頜骨、舌骨外，其餘顱骨均以縫式軟骨連結在一起。彼此間不能活動。顱可分為腦顱和面顱。腦顱位於顱的後上方，構成顱腔，保護著腦；面顱位於顱的前下方，構成骨性口腔，並與腦顱共同圍成骨性鼻腔和眼眶。以維持面部形態，同時起著保護作用。

①太陽穴

顱骨大部分以縫的形式連結。小部分以軟骨連結形式相連結。以關節形式連結的僅有下頜關節。顱骨平均厚度均為5 公釐，最厚處約 1 公分，而太陽穴處平均厚度只有 1～2公分，醫學上稱此處為翼點，薄而脆弱。

腦表面的腦膜中動脈又從此處經過。擊打太陽穴很容易骨折，重則引起腦血管破裂、硬膜下血腫；輕則直接震盪大腦，使人失去抵抗能力。

②風府穴

風府穴屬督脈穴位，為腦與脊髓相連的通路。擊打此處可直接引起寰椎關節與枕骨大孔相錯。輕者造成腦脊神經損傷，立即暈厥，重者立即死亡。

③後腦部

後腦也是頭部薄弱的要害部位。擊打震動後易引起眩暈或造成顱內出血，腦損傷而死亡。

④兩耳部

兩耳有大量的神經和血管通過。同時擊打兩耳，由外耳刺激震盪耳前庭器和蝸器，引起眩暈。重者導致耳聾或震盪刺激腦神經，造成休克，失去抵抗能力。

⑤百會穴

百會穴位於頭頂正中，是顱骨連結的冠狀縫與矢狀縫的交點，是督脈經穴位，也是頭部薄弱的部位。此處受到打擊後，輕者引起眩暈，重者造成腦損傷，顱內出血死亡。

⑥印堂穴

印堂穴位於兩眉之間，鼻骨與淚骨位居於此。鼻骨孔透過小靜脈和篩前神經分支通過。同時還有額內側動脈、內眦動脈、篩前動脈、鼻脊動脈。淚骨又薄又脆，受到擊打後會大量出血，淚流不止，從而減弱或喪失抵抗能力。

⑦眼部

眼是人體的重要器官，能洞察萬物活動。現代科學認為：它是獲取外界信息、認識客觀世界的「信號接收器」。科學研究表明：人類獲取的信息 99%以上由眼睛獲得。眼睛包括眼球、眼瞼、眼肌和其他輔助結構。眼球前部稍凸，後部略扁。後部靠近鼻側部位有視神經和腦相連。眼球壁由三層被膜構成，內有透明的內容物為折光裝置。眼睛裸露在外，很容易遭到打擊，因此應該特別注意保護。

（2）頸部

頸部位於頭、胸間，頸椎將顱骨與胸椎連接在一起。頸椎由 7 個椎骨組成。頸椎的重要關節是寰枕關節的寰關節，它們是顱骨大腦與脊髓、身體和頭部連接的樞紐。頸椎的特

徵是橫突上有橫突孔，並且有椎動脈通過。並發出 8 對頸神經，形成頸叢神經和臂叢神經。它是人體主要的呼吸通道。是人體供給大腦血液的惟一通道。

頸部遭到打擊後會損傷和阻斷對大腦中樞神經的供血，損傷頸部諸神經和淋巴，阻斷人體呼吸，輕者使對方窒息、昏厥；重者死亡。

（3）左右兩肋

肋骨共 12 對，左右對稱排列，每一肋均由肋骨和肋軟骨構成。肋骨為細長的弓形扁骨，分為體和前後兩端。體在內面近下緣處有一淺溝，肋間血管、神經沿此溝通過。在肋結節外側，肋骨急劇地轉向前下，形成肋角，前端接肋軟骨，其中第 1～7 肋軟骨直接連於胸骨，稱為真肋；第 8～10 肋軟骨與上位肋軟骨相連，形成肋骨；第 11～12 肋前端游離，稱為浮肋。第 8～12 肋稱為假肋。後端膨大稱肋頭，其關節面與胸椎的肋凹形成關節。

肋頭的後外側有助結構，肋結節關節面與橫突內凹形成關節。左側是心區，右側是肝臟上部。兩肋受到打擊後，易使心臟受到震盪刺激或由於肋骨內向骨折，致使心臟、肝臟損傷，導致大量出血死亡。

（4）胸骨下角（心口窩）

胸骨下角是中心兩側肋弓和劍突共同形成的。胸骨劍突部位俗稱心口窩。心口窩後面有心臟下部，下緣是肝與胃的重疊處，劍突由軟骨組成，此處又無肋骨保護。擊打胸骨下角會直接震盪心臟。出現胸悶、呼吸困難。嚴重時還會出現

胃充血、肝臟破裂、心臟震顫等症狀甚至死亡。

（5）腹部

腹部位於胸部與骨盆之間，它包括腹壁肌、腰肌、腹腔和腹腔臟器。腹內器官均被腹膜覆蓋。腔內器官包括胃、小腸、大腸、部分肝臟、脾臟、腎臟、卵巢、輸卵管、子宮和膀胱等。

這些內臟器官均屬人體的重要器官，腹部遭到擊打會引起劇烈疼痛，喪失抵抗能力。

（6）會陰部

盆腔內有重要的臟器如膀胱，盆腔外有外生殖器。外生殖器包括陰莖和陰囊。陰囊是腹壁的特殊膨出部分，內藏睪丸、附睪和精腺下部。會陰部神經非常豐富，當遭到擊打時，會產生劇烈痛。重者還會引起睪丸、膀胱破裂，導致休克或死亡。

（7）背部心俞穴

心俞穴俗稱後穴、人體後背第五胸椎至第九胸椎之間是心區。後心區沒有較厚的保護層遭到擊打後，可直接震盪刺激心臟，使對方喪失抵抗能力，甚至死亡。

二 擒拿 反擒拿八十八法

第一法　外掰拿變跪拿（圖1-5）

【動作】當我用右手拉住對方肩部時，對方雙手握住我右手腕關節用力向外向下旋擰，欲用外掰拿將我拿住；我迅速向前插左步，左腳扣住對方左腳外踝，小腿緊緊頂、擠住對方小腿，向回45°的方向回跪，將對方跪倒。

【要領】使用外掰拿變跪拿招法時，小腿緊緊頂住對方小腿向回45°的位置回跪非常重要，只有這樣才能將對方踝關節鎖扣住，使之難以逃脫。

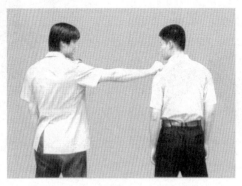

圖1

圖2

圖3

圖4

圖 5

第二法　金絲拿變別臂壓肘拿（圖 6-9）

圖 6

圖 7

| 圖 8 | 圖 9 |

【動作】當我抓握住對方右手腕關節時，對方用左手按住我右手掌背部，右前臂上鑽下壓，欲用金絲拿將我拿住；我迅速用左手插到對方右臂肘窩處，用力回拉，身體前頂，右肘上提，由上向下、由右向左用力壓擊對方的雙臂，將其拿住或摔倒。

【要領】使用金絲拿變別臂壓肘拿時，左手插到對方右臂肘窩處用力回拉要抓緊抓實，用力要猛，右肘上提向回裹壓的動作要與左手回拉對方右臂的動作配合好，要協調用力。

第三法　雙手掐喉拿變雙臂托肘拿（圖 10-14）

【動作】當對方雙手用掐喉拿將我拿住時，我迅速用雙手由對方雙臂內側向上穿，回翻時雙手緊抓對方雙臂肘部並

圖 10

圖 11

圖 12

圖 13

圖 14

緊緊夾住對方雙臂，同時用力上托，將對方拿住。

【要領】使用掐喉拿變雙臂托肘拿時，雙手由對方雙臂內側上穿的動作要突然有力，雙臂穿出後迅速回翻托住對方，雙肘要用力上托並夾住對方雙臂，致使對方掐喉雙手鬆開逃脫。

如果只夾臂而不上托，對方就不會有疼痛感。所以夾臂與上托要同時進行，要準確、有力、突然。

第四法　金絲拿變外掰拿（圖 15–18）

【動作】當我右手抓住對方腕關節準備回拉時，對方用左手按壓住我掌背部，欲用金絲拿將我拿住；我左手抓住對方右手拇指一側，用力向外摳，將對方之力化開，右手迅速抓住對方小拇指一側，兩手合力抓住腕關節，用力向外旋擰、掰拿，將對方拿住。

【要領】使用金絲拿變外掰拿時，注意左右兩手配合，用力要一致，當兩手抓緊對方腕關節時就不要鬆手，全套動作要突然、迅猛，使對方毫無察覺，才能收到好的擒拿效果。

圖 15

圖 16

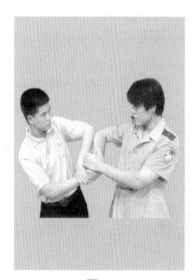

圖 17

圖 18

二　擒拿反擒拿八十八法

第五法　反臂錘變抹眉勾踢（圖 19-22）

【動作】搏擊中我用右手抓住對方右臂腕關節用力旋擰時，對方借我旋擰之力，左後轉身，用左拳拳背擊打我頭面部或胸部；我迅速上抬左臂將來拳封住，順勢擄抓住其左前臂用力向左斜下方領帶；右手由下向上按壓住對方額骨，向後、向下用力下壓，同時起右腳勾踢對方左腿支撐腿內踝，使對方顧上顧不了下，被我摔倒。

【要領】使用反臂錘變抹眉勾踢招法時，要掌握好攻擊的時機，左手抓住對方左臂向左斜下方領帶，右手按壓對方額骨向後、向下按壓與起右腳勾踢對方左腿內踝三個動作要同時進行。要注意全套動作的協調配合、協調用力，全套動作要乾淨、俐落、準確、有力。

圖 19

圖 20

圖 21

圖 22

第六法　抹眉拿變拉臂推肘拿（圖 23-26）

【動作】當我用右拳擊打對方頭面部時，對方用右手上架，順勢攦抓住我的右臂，上左步用抹眉拿欲將我拿住；我迅速用左手貼自己身體上穿下翻，擒住對方左前臂用力回拉，右手推住對方左肘與肩關節之間（最好是肘部）用力下壓，同時用右腿後蹬，將對方摔倒。

【要領】使用抹眉拿變拉臂推肘拿時，擒住對方左前臂的動作，左手一定要貼自己的身體上穿下翻，當用力回拉時，右手抓住對方左臂下壓與右腿後蹬三個動作要同時進行。

圖 23

圖 24

圖 25

圖 26

第七法　肩臂拿變踩拿（圖27-31）

【動作】當我用右手拉住對方左肩用力回拉時，對方迅速用右手按抓住我右手掌背部、屈左臂用力向下壓我右肘，欲用肩臂拿將我拿住時；我急向前邁右步，右腿伸向對方右支撐腿，緊貼對方右腳內踝，用右腳跟支撐著地，用右腳掌用力下踩，將對方踩倒。

【要領】使用肩臂拿變踩拿時，一定要注意掌握好擒拿時機。向前邁右步時，步子不要邁得過大，伸向對方右支撐腿的右腳要突然、迅猛、準確，要貼緊、貼實對方右腳內踝。右腳跟不要離開地面，右腳掌部下踩時要以右腳跟為支點。用力要猛，要快，注意全套動作的連貫與協調。

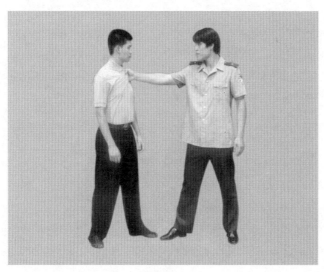

圖27

圖 28

圖 29

圖 30

圖 31

第八法 背手招喉拿變壓肘拿（圖32-39）

【動作】當對方用拳擊打我頭面部時，我迅速用右手向外攬架對方的右臂並順勢擄抓住其右前臂或右腕關節用力外撑，欲用單手撑拿將對方拿住；對方借我外撑之力，左後轉身，前插左步，左腿吃住貼緊我的右支撑腿，左手前伸用力招我喉部，欲用背手招喉拿將我拿住；我急用左手按抓住對方左手掌背部用力外掰，屈右臂用右前臂向下壓擊對方左臂肘關節處，將其拿住或摔倒。

【要領】使用背手招喉拿變壓肘拿時，要注意全套動作的連貫協調，對方不動時我不動，對方微動時我先動，而且我的動作完成比對方還要快。要掌握好攻擊的時機，用左手按抓住對方左手掌背部用力外掰時，一旦抓住不要輕易鬆

圖32

圖 33

圖 34

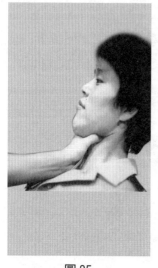

圖 35

圖 36

圖 37

圖 38

圖 39

手，要抓緊、抓牢、抓實，並且要與右臂屈用力壓擊對方左臂肘關節的動作同時進行，這樣才能收到較好的擒拿效果。

第九法　由後圈脖拿變背摔（圖40-43）

【動作】當對方由後用右臂圈脖拿欲將我拿住時，我順勢以左手抓握住對方右手掌背部，右手向上握住對方右臂肘部用力下拉，同時上體彎屈，頭向下栽，臀部後頂，雙腿用力後蹬，將對方摔倒。

【要領】使用由後圈脖拿變背摔時，要掌握好攻擊的時機，手向下拉與頭向下栽、臀部後頂、雙腿後蹬幾個動作要同時進行，要協調用力，用力要整。全套動作要連貫、準確、有力，不要拖泥帶水。

圖 40

圖 41

圖 42

圖 43

第十法　壓肘拿變跪拿（圖44-47）

【動作】當我用右手抓住對方衣領，對方用壓肘拿欲將我拿住或上左步準備用別摔將我摔倒；我迅速用右腿內踝扣住對方左腿內踝（前伸腿），以小腿三分之二處貼緊貼實，吃住對方支撐腿並迅速向45°的方向跪壓，右手繼續下拉對方衣領，將對方摔倒。

【要領】使用壓肘拿變跪拿時，一定要掌握好攻擊的時機，扣住對方支撐腿內踝時要貼緊貼實，使之不能左右轉動。跪壓時要掌握好角度，這樣對方支撐腿才不會逃脫。全套動作要突然、迅猛、準確、有力。

圖44

圖 45

圖 46

圖47

第十一法　抓領拿變托槍拿（圖48–50）

【動作】對方用右手抓住我衣領用力旋擰，欲用抓領拿將我拿住；我迅速上左步，用左腿緊緊吃住對方支撐腿，身體前頂，同時用右手抓住其腕關節，左手托住對方右臂肘部，用力上托，將其拿住。

【要領】使用抓領拿變托槍拿時，左腿一定要貼緊吃住對方的支撐腿，右手抓住對方腕關節與左手托住對方右臂肘用力向上托兩個動作要同時進行。動作要迅猛、準確，全套動作要乾淨俐落，不要拖泥帶水。

圖 48

圖 49

圖 50

第十二法　擄臂掐喉拿變撐撥摔（圖 51-56）

【動作】當我用右拳打擊對方頭面部時，對方用左臂向外架，順勢擄抓住我的右臂，右手向前掐住我的喉部，欲用掐喉拿將我拿住；我急用左臂由胸前前穿，擄住對方右臂向後拉，右手抓住對方腰部外撥，同時左轉腰，用右腿後蹬將對方摔倒。

【要領】使用擄臂掐喉拿變撐撥摔時，左臂前穿一定要從胸前前穿，順勢擄住對方右臂用力後拉，右手抓住對方腹部外撥也可以。全套動作要做得準確、有力、協調一致。

圖 51

圖 52

圖 53

圖 54

圖 55

圖 56

第十三法　側踢腿擊變抱腿蹬膝（圖 57-59）

【動作】當對方用右側踢腿踢擊我左肋部時，我迅速向前上右步，左手由下向上圈抱，右手由上向下合抱，兩手合力將對方左腿抱住，抱緊抱死，使其難以抽回或更拳換勢，同時起右腿蹬擊對方前伸支撐腿的膝關節處，將對方蹬倒。

【動作】使用側踢腿擊變抱腿蹬膝技法時，要注意兩手合力抱住對方右腿的動作，與起右腿蹬擊對方膝關節的動作不要脫節。要掌握好蹬擊的時機，兩手合力將對方右腿抱住後還可以上舉或後拉，增加攻擊的強度和力度。

注意：要隨時注意保持身體平衡，重心穩定。全套動作要迅猛、準確、有力。

圖 57

圖 58

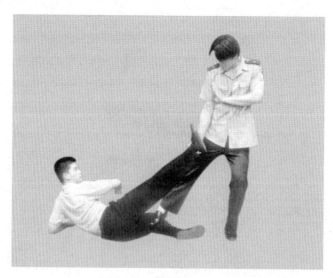

圖 59

第十四法　由後抱腰摔變上搬下坐（圖60-63）

【動作】當對方由後抱住我腰部（兩手在外）欲用摔法將我摔倒時；我迅速屈腿下蹲，兩手向下拉住對方前伸腿或前伸腿的衣服，用力上搬，臀部壓住上搬腿的根部，用力下坐，同時上體後擠，將對方摔倒。

【要領】使用由後抱腰變上搬下坐的招法時，要掌握好進攻的時機，雙手上搬與臀部下坐、身體後擠三個動作要同時進行。注意保持身體的平衡，重心的穩定。全套動作要突然、迅猛、準確、有力。

圖60

圖61

圖 62

圖 63

第十五法　鎖頸拿變跪壓拿（圖 64-66）

【動作】當對方由右側方雙手搬住我頸部，欲用鎖頸拿將我拿住時，我重心迅速下降，同時用右小腿盤住對方左腿，臀部用力下坐，將對方摔倒。

【要領】使用跪壓拿時，右小腿盤對方左腿的動作要突然迅猛，中間不要留有空隙，臀部用力下坐要實，要一壓到底，同時身體用力前擠。注意全套動作要連貫，協調，不要由於動作拖泥帶水，使對方改用其他招勢。

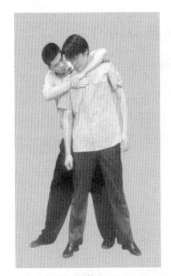

圖 64

圖 65

圖 66

第十六法　金絲拿變推肘絆摔（圖 67–69）

【動作】當我用右手握住對方右手腕關節時，對方迅速用左手按抓住我掌背部，右手上鑽下翻，欲用金絲拿將我拿住；我急向前上左步，左腿緊緊吃住對方支撐腿，使其不能左右轉動，左手用力向前、向下推擊對方右臂肘關節處，將對方拿住或摔倒。

【要領】使用金絲拿變推肘絆摔時，左腿前插，緊緊吃住對方支撐腿，要貼緊靠實，中間不能留有縫隙，要使對方支撐腿難以轉動和變換位置；左手用力向前下方推擊對方右肘的動作要突然、迅猛、準確、有力，注意手腳的協調和配合。

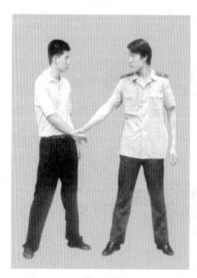

圖 67

圖 68

圖 69

第十七法　由後掐脖變頂肋別摔（圖 70–71）

【動作】當對方由後掐住頸部時，我迅速左右轉身，身體後移，左腿緊緊吃住、貼緊貼牢貼實對方支撐腿，使對方支撐腿不能左右轉動；同時左腿後插，身體左轉、屈左臂、用左肘擊打對方肋部，將對方摔倒。

【要領】使用由後掐脖拿變頂肋別摔要掌握好進攻時機，要手到身到、身到步到，擊打對方肋部與身體左轉、左腿別摔幾個動作要配合好。要協調一致，全套動作要迅猛、準確、有力。

圖70

圖71

第十八法　盤肘拿變推肘拿（圖72–74）

【動作】當我用左手抓住對方右手腕關節時，對方迅速用左手按抓我左手掌背部，右肘上提用力下壓我左臂，欲用盤肘拿將我拿住；我急用右手托住對方右肘用力向前推壓，將其拿住。

【要領】使用盤肘拿變推肘拿時，要注意動作招法的轉換時機，右手推對方右肘時，一定要向其嘴部用力，不但要向後推，還要向下壓，全套動作要迅猛、準確、有力。

圖72

二　擒拿反擒拿八十八法

圖73

圖74

第十九法　掐喉拿變推肘拿變勾踢（圖75-79）

【動作】當對方用右拳擊打我頭面部時，我迅速用左臂外架，順勢擄抓住對方右臂，左腳前邁，用左腳吃住對方支撐腿，右手前伸，欲用掐喉拿將對方拿住；對方用左手托我右肘部用力向我嘴部按推，欲用推肘拿將我拿住，我迅速改用左手抓握住對方右前臂用力向斜下方領拉，右手用力擊打對方右側背部，同時左腳向回勾踢，將對方摔倒。

【要領】使用掐喉拿變推肘拿變別摔時，左手抓握住對方右前臂用力向斜下方順拉，右手用力擊打對方右側背部與左腳向回勾踢，三個動作要同時進行，要協調用力，要迅猛，準確，有力。左腳勾踢要腳跟緊貼地面，腳尖上翹，身體重心微向下降。

圖75

二　擒拿反擒拿八十八法

圖76

圖77

圖78

圖79

第二十法　外掰拿變裡合腿擊（圖 80–83）

【動作】當我右手拉住對方肩部，欲使用擒拿招法時，對方迅速用左手抓握住我右手掌背部，右手由下向上抓握住我右手腕部，兩手合力外掰，使我右手指尖向下，欲用外掰拿將我拿住；我順勢借對方外掰之力，起左腳，用裡合腿踢擊對方背部，將其擊倒。

【要領】當對方用外掰拿時，要向外旋擰我右臂，此時我身體必然向右側傾斜，正好借力用左腿裡合腿踢擊對方，所以要掌握好借力起腿的時機，做到借力使力、順力發力。

圖 80

圖 81

圖 82

圖 83

第二十一法　單手擰拿變頂肘擊（圖 84-86）

【動作】當我用右拳擊打對方頭面部時，對方迅速用右手向上格架，順勢抓握住我右手腕關節或右前臂向外用力旋擰，欲用單手擰拿將我拿住；我迅速左後轉身，左腿前插，吃住對方支撐腿，屈左臂以肘尖頂擊對方頭面部。

【要領】使用單手擰拿變頂肘擊時，左後轉身要突然迅猛。以肘尖頂擊時要借左後轉身之力，要用腰力，用身力。

圖 84

圖 85

圖 86

第二十二法　反臂掐喉拿變抓臂壓肋拿（圖87–91）

【動作】當對方用右拳擊打我頭面部時，我迅速用右臂向外絞架，並順勢抓住對方右手腕關節或右前臂用力向外旋擰拿將對方拿住；對方借向外旋擰之力，左後轉身，左手前伸，欲用掐喉拿將我拿住，我急用左手按抓住對方左臂腕關節，身體前頂，右手鬆開，屈臂回折，腰向左後轉，用力壓擊對方肘部，將對方拿住或摔倒。

【要領】使用反臂掐喉拿變抓臂壓肘拿時，全套動作要連貫準確、突然、迅猛，要體會出擒拿的巧字來。左手按抓住對方左臂腕關節後就不要輕易鬆開；屈右臂壓對方肘部的動作要貼緊壓實，一壓到底。

圖 87

圖 88

圖 89

圖 90

圖 91

第二十三法　雙風貫耳變托肘頂膝（圖 92-94）

【動作】當對方用雙掌或雙拳從左右兩側同時擊打我頭部兩側時，我雙臂迅速上舉，由裡向外翻轉，順勢擄住對方雙臂，並將其夾於左右兩側腋下，雙手用力上托對方肘部的同時，用右膝頂擊對方襠部，使其顧上顧不了下，進而被我擊倒或拿住。

【要領】使用雙風貫耳變托肘頂膝的招法時，雙臂上舉，由裡向外翻轉，封住對方擊來的拳或掌時動作要突然、迅猛，將對方左右兩臂夾於腋下，要夾緊夾實，使其難以逃脫或更拳換勢。夾對方左右兩臂、用力上托對方雙肘與右膝頂擊其襠部三個動作要同時進行。全套動作要乾淨俐落、迅猛、準確、有力。

圖 92

圖 93

圖 94

第二十四法　由後抓髮拿變轉臂蹬膝（圖 95-98）

【動作】當對方由後用右手抓住頭髮用力回拉旋擰欲將我拿住時，我迅速用右手按抓住對方右手掌背部，左手虎口卡住對方右手腕關節，同時右後轉身，頭向上、向對方懷裡頂，破掉對方回拉之力，並使對方右腕關節小於 90°，同時抬左腿用左腿截擊對方的支撐腿膝關節處，將其踢倒。

【要領】使用由後抓髮變轉臂蹬膝招法時，右手按抓對方右手掌背部與左手虎口卡住對方右手腕關節的兩個動作要同時進行。右後轉身時頭一定要向對方身上頂，破掉對方回拉之力。頭頂時，中途不要鬆勁，要一頂到底。抬左腿用橫截腿踢擊對方支撐腿膝關節的動作要突然、迅猛、準確、有力。注意全套動作的協調配合、協調用力。

圖 95

圖 96

圖 97

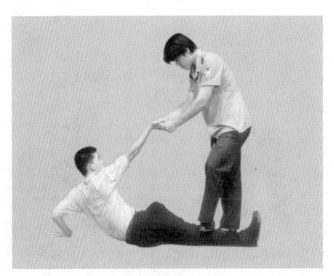

圖 98

第二十五法　抱腰摔變搬頸拿（圖 99–101）

【動作】當對方雙手抱住我腰部，欲用摔法將我摔倒時，我迅速用左手按住對方頭部，用力後拉，右手推對方的額部，用力往前推、向左轉，將對方拿住或摔倒。

【要領】使用抱腰摔變搬頸拿時，左手用力後拉對方頭部與右手推擊對方額部兩個動作要同時進行；身體左轉要以腰部為軸，左腿要緊緊吃住，貼緊對方身體，用整力、用身力，這樣才能收到較好的擒拿效果。

圖 99

圖 100

圖 101

第二十六法　吃摔變撐撥腿（圖 102-107）

【動作】當我用右拳擊打對方頭面部時，對方身體下潛前移，從我右腋下前攢，左腿吃住、貼緊我支撐腿，左轉身，左臂外撐，欲用吃摔將我摔倒；我迅速上舉左臂，前插左手順勢回攦抓住對方左前臂用力回拉，右手變掌，向下擊打對方背部，同時右腿貼地用力後蹬對方支撐腿，將其摔倒。

【要領】使用吃摔變撐撥腿時，左手回攦抓住對方左前臂用力回拉、右掌擊打對方背部與右腿貼地後蹬三個動作要同時進行。右腿後蹬時一定要腳跟朝後，而且腳不能離開地面。

圖 102

圖 103

圖104

圖105

圖 106

圖 107

第二十七法　拉腰帶摔變肩拿（圖 108–110）

【動作】當對方左手拉住我右肩部，右手拉住我腰帶，欲用摔法摔我時，我迅速左臂回折，用左手抓住對方左手掌背部，用力下拉，肩關節上提向回（左側），左轉身 45°下壓，將對方拿住或摔倒。

【要領】使用拉腰帶摔變肩拿時，注意掌握攻擊時機，右肩關節上提下扣的動作要快，要猛；左手一定抓緊、抓死對方的左手，防止對方左手逃脫；向左轉身的動作要以腰部為軸，用身力，整力，這樣才有較好的擒拿效果。

圖 108

圖 109

圖 110

第二十八法　虎抱頭拿變頂肘擊（圖 111-115）

【動作】當我用右手抓住對方右手腕關節時，對方左手用力穿過我右前臂回扣，按住我掌背部，右手由上向下裹壓住我前臂欲用虎抱頭將我拿住；我迅速將右肘彎屈，用力回拉，對方見我回拉，必向回拽，這時我迅速借對方回拉之力用右肘頂擊，將其制服。

【要領】使用虎抱頭拿變頂肘擊之時，一定注意一個「巧」字，拳打人不知。肘彎屈回拉，實際上給對方設了個圈套，他回拽，我就借力頂肘。全套動作要迅猛、靈巧、準確，要掌握好攻擊時機。

圖 111

圖 112

圖 113

圖 114

圖 115

第二十九法　托肘拿變勾踢摔（圖 116–119）

【動作】當我用右手抓住對方衣領部用力下拉時，對方迅速以右手抓握住我右手腕部或右前臂，用力旋擰，同時左手托住我右肘部用力上托，右手下拉，欲用托肘拿將我拿住；我迅速向下沉右肘，右手繼續下拉，右腳貼地勾踢對方左腳內踝根部將其踢倒。

【要領】使用托肘拿變勾踢摔時，勾踢與右手下拉兩個動作要同時進行，腳跟要緊貼地面，腳尖上翹，連踢帶拉對方右腳內踝。向左側 45°角用力勾踢時，支撐腿應微屈。

圖 116

圖 117

圖 118

圖 119

第三十法　托槍拿變沉肘壓指拿（圖 120–122）

【動作】我欲抓對方衣領時，對方迅速用右手上架順勢回手抓住我右手腕關節，左手順勢托住我右肘部用力上托，右手下拉，欲用托槍拿將我拿住；我急用左手用力按抓住對方左手掌背部，右肘下沉，身體左轉，使對方腕關節小於90°，疼痛難忍，被我拿住。

【要領】使用托槍拿變沉肘壓指拿時，左手按抓住對方左手掌背部，不要輕易鬆開，要抓緊，抓牢，右肘下沉，迅速左轉身向下壓臂兩個動作要銜接好，動作要連貫，要協調用力。

圖 120

圖 121

圖 122

二　擒拿反擒拿八十八法

第三十一法　纏腕拿變拉臂拿（圖123–126）

【動作】當對方用拳擊打我頭面部時，我急用左手向上格架，順勢抓住對方右腕關節；對方用纏腕拿欲將我拿住；我左手用力回拉，再向前頂，身體重心隨之前移，同時右手抓住對方右肘關節或肩關節，用力回拉，將對方摔倒。

【要領】使用纏腕拿變拉臂拿時，左手抓住對方右手或右臂用力前頂與右手拉住對方右肘關節或右肩回拉兩個動作要同時進行，用力要猛，動作要突然、準確。

圖123

圖 124

圖 125

圖 126

第三十二法　推肘拿變切別摔（圖 127-130）

【動作】當我用右手抓住對方左肩部用力回拉時，對方迅速向前上右步，右手拉住我左側衣服回拉，左臂由後向前用左手托住我的右臂肘部前推，一拉一推，欲用推肘拿將我拿住；我急用左臂由對方左臂外側擴抓住其左臂腕關節或左前臂用力向下、向自己左後方拉，左腿像木樁一樣吃住、貼緊、貼實對方支撐腿，使其難以移動，同時右手變掌，以掌鋒切擊對方頸部，將其摔倒。

【要領】使用推肘拿變切別摔技法時，首先要掌握好攻擊的時機，動作要突然、迅猛；左手抓握對方左臂腕關節用力向下、向後拉與右掌切擊對方頸部的動作要同時進行；切擊時要以腰作軸向左轉動，左腿吃住對方支撐腿後不要輕易移動。全套動作要迅猛，準確，有力。

圖 127

圖 128

圖 129

圖 130

第三十三法　折腕拿變跪拿（圖131-136）

【動作】當我用掌劈擊對方時，對方左手抓住我腕關節，右手由下向上再向下按住我指關節下壓，使我的腕關節小於90°，欲用折腕拿將我拿住；我迅速向前進身，用右肘關節上頂，同時右腿前伸，用右腿內踝緊緊扣住對方前支撐腿，右小腿緊緊頂住對方小腿，向45°方向下跪，將對方摔倒。

【要領】使用折腕拿變跪拿時，右肘關節上頂與右腿前伸下跪的動作要同時進行，右腿內踝要緊緊扣住對方支撐腿，並要用右小腿頂緊、頂實對方小腿，中間不要留有空隙，回跪下扣的動作要突然、迅猛、準確，一氣呵成。

圖131

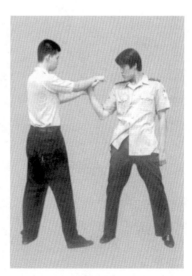

圖132

圖 133

圖 134

圖 135

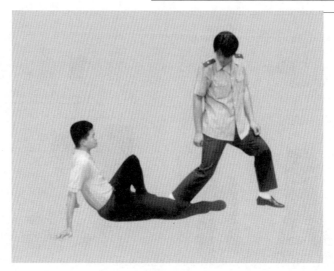

圖 136

第三十四法　抓髮拿變摟踝推膝拿（圖 137-140）

【動作】當對方用右手拉住我頭髮用力下拉時，我順對方下拉力迅速下潛，左手摟住對方右腳跟部回拉，同時用右手掌根部推擊對方右腿膝關節內側，將對方摔倒。

【要領】使用抓髮變摟踝推膝拿時，注意掌握好進攻時機，要借力用力，左手摟住對方右腳跟部回拉與右手用掌根部推擊兩個動作要同時進行；右手用掌根部推擊時，右手要橫折指尖向身體左側，這樣推擊才能有力。

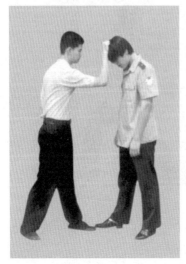

圖 137　　　　　　　　　圖 138

圖 139

圖 140

第三十五法　外掰拿變拉肘別摔（圖 141–144）

【動作】當我用右拳或右掌擊打對方頭面部或前胸部時，對方迅速向左側閃身，左手用力抓握住我右手腕關節，右手也同時由下向上抓住右手腕關節，兩手合力翻擰我右手腕關節和右前臂，欲用外掰拿將我拿住；我迅速以右臂前支撐化掉對方外掰之力，左臂由對方左右兩臂之間前插，左手抓住對方左臂肘部用力回拉，同時向前邁左腿，吃住貼住對方支撐腿，將對方別倒。

【要領】使用外掰拿變拉肘別摔技法時，要掌握好攻擊的時機，左手抓住對方左臂肘部用力回拉，與左腿前插吃住貼住對方支撐腿的動作要同時進行。要協調用力。全套動作要迅猛、突然、準確、有力。

圖 141

圖 142

圖 143

圖 144

第三十六法　抱單腿摔變按頸砸肘（圖145-146）

【動作】對方下潛用雙手抱住我左腿，用力上掀、肩向前頂，欲用抱腿摔將我摔倒；我迅速向左轉體，重心下降，用左手用力向下按對方頸部；同時屈右臂，用肘擊打對方背部，將對方擊倒。

【要領】使用抱單腿摔變按頸砸肘技法時，全套動作要突然迅猛。左手用力向下按壓對方頸部與屈右臂用右肘砸擊對方背部兩個動作要同時進行，要注意隨時保持自己的重心穩定。全套動作要迅猛，準確，有力。

圖145

圖 146

第三十七法　虎抱頭拿變外掰拿（圖147–149）

【動作】當我抓住對方右手腕關節時，對方左手回抱，右手上鑽下壓，欲用虎抱頭拿將我拿住；我迅速用左手拉住對方右臂拇指一側用力回摳外擰，右手不脫開對方腕關節，裹住對方右手小拇指一側向外裹壓，兩手合力用外掰拿將對方拿住或摔倒。

【要領】使用虎抱頭拿變外掰拿時，左手拉住對方右臂拇指一側用力回摳外擰和右手裹住對方右手小拇指一側向外裹壓，兩個動作要注意協調用力，協調配合，動作不要脫節，不論是左手還是右手，一旦抓住就不要輕易鬆手，哪怕只用一隻手抓住對方，也照樣實施擒拿。

圖147

圖148

圖 149

第三十八法　折腕拿變抱單腿摔（圖 150-153）

　　【動作】當我用右掌擊打對方頭面部時，對方雙手抓住我右臂腕關節用力前折，欲用折腕拿將我拿住；我迅速屈肘並用右肘用力向上向前頂，同時左手抱住對方前伸腿用力上掀，身體下潛，並用力前頂對方上身，將對方摔倒。

　　【要領】使用折腕拿變抱單腿摔時，身體下潛，左手抱住對方前伸腿用力上掀；前頂時，要注意觀察對方的動作變化，右臂、右掌、右肘用力向前、向上頂的動作要迅猛有力，要與抱腿前頂的動作同時進行，這樣才能收到較好的擒拿效果。

圖 150

圖 151

圖 152

圖 153

第三十九法　推肘拿變捋摔（圖154-156）

【動作】當我用右手拉住對方肩部回拉時，對方迅速用右手拉住我左側，腰部用力回拉，並用左手用力向我的左後方推我的右臂肘部，欲將我拿住或摔倒；這時我身體左後轉身，左手捋抓住對方左臂用力前拉，右手用力擊打對方左肩部，同時右腿前插，吃住對方支撐腿，將對方摔倒。

【要領】使用推肘拿變捋摔時，要掌握好攻擊的時機，全套動作要突然、迅猛、準確、有力；左手捋抓對方左臂前拉，右手用力擊打與右腿前插雖是三個動作，但幾乎是同時進行。注意動作的協調用力和動作的準確。

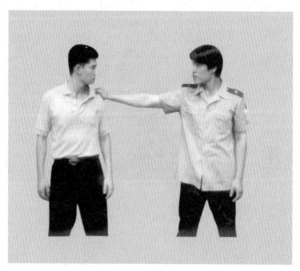

圖154

圖 155

圖 156

第四十法 金絲拿變拉肘拿（圖 157–160）

【動作】當我用右手抓住對方右臂腕關節時，對方迅速用左手按抓住我的右手掌背部，使我難以逃脫，對方同時上左步，右前臂上鑽，並迅速用力向斜下方壓，欲用金絲拿將我拿住；我迅速向前上左步，用左手由對方兩臂之間前穿並拉住對方右肘關節處用力回拉，同時右肘前頂將其拿住。

【要領】使用金絲拿變拉肘拿時，要掌握好反擒拿的時機。左手拉住對方右肘關節處後，千萬不要輕易鬆開，一拉到底，用力要猛，動作要準。全套動作要突然、準確、有力。

圖 157

圖 158

圖 159

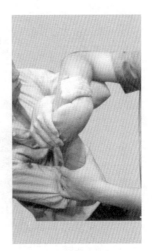

圖 160

第四十一法　折腕拿變夾肘拿（圖 161–166）

【動作】當我用掌擊打對方頭面部時，對方迅速向左閃身，左手托住我的右腕部用力回扣，右手抓住我的右臂腕關節用力回折，使我的腕關節小於 90°，欲用折腕拿將我拿住；我急向後側身的同時，用左手抓握住對方右手掌背部，上抬右肘，腰向左轉，肘向內盤，纏住對方的右臂，將對方的右前臂夾於自己的右腋下，然後身體再向右轉，同時用右肘裏壓對方的右臂，將其拿住。

【要領】使用折腕拿變夾肘拿時，左手抓握住對方右手掌背部時要抓緊抓牢，決不輕易鬆開；上抬右肘，腰向左轉，肘向內盤，將對方的右前臂夾於自己右腋下，又迅速向右轉體右肘裏壓對方右臂，幾個動作要連貫、協調。在腰的

圖 161

左轉、右轉的轉換過程中不要停留，左轉後隨即右轉，要突然、迅猛。

圖 162

圖 163

圖 164

圖 165

圖 166

第四十二法　擒臂拿變反臂掐喉拿變外掰拿
（圖 167-172）

【動作】當對方用右拳擊打我頭部面部時，我用右手擄抓對方右腕關節或右前臂向外旋擰，欲用擒臂拿將對方拿住；對方借我向外旋擰之力左後轉身，左腳前伸緊緊吃住我支撐腿，用左手猛抓我喉部，欲用反臂掐喉拿將我拿住；我迅速右手回折，扣住對方左手掌背部，左手順勢抓握住對方左手腕關節處，向後撤右步，左右兩手奮力向外、向下旋擰，使對方左手指尖向下，用外掰拿將對方拿住或摔倒。

【要領】使用擒臂拿變反臂掐喉拿變外掰拿時，要做到拳打人不知，每個招法的更換都要突然，要在對方毫無察覺的時候使用才能收到較好的擒拿效果。全套動作要連貫、協調、自然、準確、有力。

圖 167

圖 168

圖 169

圖 170

圖 171

圖 172

第四十三法　抱腰變別肘拿（圖 173-174）

【動作】當對方用雙手抱住我腰部時，我兩臂迅速向左右環繞畫弧，兩手順勢抓、托住對方兩臂肘部，身體前移死死頂住，防止對方雙手掙脫開，同時，兩肘回收將其兩前臂緊緊夾在腋下，兩手用力上挑，將其拿住。

【要領】使用抱腰別肘拿技術時，要掌握好進攻時機，托、抓住對方兩肘，身體前移，前頂的動作要同時進行；腋下夾對方雙臂的動作要夾緊夾實，使對方雙臂難以逃脫。雙手上托肘，用力要猛，動作部位要準，注意上托時要向斜上方舉托，使對方肘關節向上，腕關節部位動彈不得，這樣才能收到較好的擒拿效果。

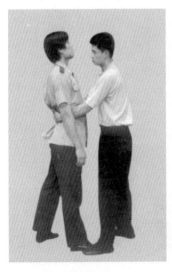

圖 173

圖 174

第四十四法　頭拿變摳腮拿（圖175–179）

【動作】當我用左手抓住對方頭髮用力下拉時，對方欲用頭拿將我拿住；我迅速左臂上頂，右手由後順對方頸部摟、摳住對方腮部向右後側用力向回、向下拉，左手向上、向前頂，右手後拉將對方拿住。

【要領】使用頭拿變摳腮拿時，左手向上、向前頂十分關鍵，左手向上、向前頂才能化開對方的力，左手向上、向前頂與右手摳住對方腮部向右後側用力向回、向下拉，用力要協調一致。注意全套動作的連貫性和突然性。

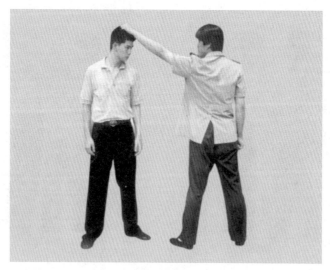

圖175

圖 176

圖 177

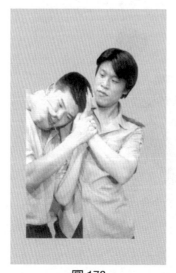

圖178　　　　　　　　　　　圖179

第四十五法　外掰拿變推肘撐撥摔（圖180-184）

【動作】當我用拳擊打對方頭面部時，對方用雙手抓住我右前臂或右腕關節，用外掰拿欲將我拿住；我右臂用力前伸前撐，迅速用左手向前、向下推擊對方右臂肘部，同時上左步，左腿緊緊吃住貼緊對方支撐腿，左手向前、向下推，右腿用力後撐後蹬將對方摔倒。

【要領】使用外掰拿變推肘撐撥摔時，左手用力向前、向下推擊對方右臂肘部的動作要突然迅猛、準確、有力、一推到底，中途不要停留或重新改變位置。上左步左腿緊緊吃住對方的支撐腿，左腿用力後撐後蹬時，腳不要離地。特別注意對方用外掰拿欲將我拿住時，右手前撐前伸是非常重要的，這樣才能化開對方外掰拿的力量，為下一步擒拿對方打好基礎。

圖 180

圖 181

圖 182

圖 183

圖184

第四十六法　金絲拿變擠肘別摔（圖185-188）

【動作】當我用右手握、攥住對方右臂腕關節處時，對方迅速用左手按抓住我的右手掌背部，上左步，同時右前臂上鑽，並迅速用力向斜下方壓，欲使用金絲拿將我拿住；我迅速向前上右步，別住、吃住、貼緊、貼實對方的支撐腿，右肘上提向前擠壓，將對方摔倒。

【要領】使用金絲拿變擠肘別摔技法時，要掌握好攻擊的時機，向前上右步，別住、貼緊對方支撐腿與右肘上提向前擠壓兩個動作要同時進行。全套動作要突然、迅猛、準確、有力。

二　擒拿反擒拿八十八法

圖 185

圖 186

圖 187

圖 188

第四十七法　反臂捶變拉雙臂蹬膝拿（圖 189-193）

【動作】我用右手抓住對方右臂腕關節用力旋擰時，對方借我旋擰之力，左後轉身用左拳拳背擊打我頭面部（此招法叫反臂捶），我迅速上抬左臂將對方來拳封住，順勢擄抓住其左臂，最好是左臂腕關節，兩手攥住對方雙臂後，用力回拉，同時起右腳或左腳，向前蹬踏對方的支撐腿膕窩處，將對方蹬倒。

【要領】使用反臂捶變拉雙臂蹬膝拿招法時，要掌握好攻擊的時機，兩手合力向回拉對方雙臂與用腳向前蹬踏對方支撐腿膕窩，雖然是兩個動作，但要同時進行。全套動作要連貫、協調、準確、迅猛、有力。

圖 190

圖 191

圖 192

圖 193

第四十八法　雙風貫耳變托肘拿（圖 194–196）

【動作】當對方用雙掌或雙拳從左右兩側同時擊打我頭部兩側時，我雙臂迅速上舉由裡向外翻轉，順勢擄抓住對方雙臂並將其夾於左右兩側腋下，同時雙手用力上托對方肘部，將其拿住。

【要領】使用雙風貫耳變托肘拿招法時，雙臂上舉由裡向外翻轉，封住對方擊來的拳或掌時動作要突然、迅猛；緊緊貼住，黏住對方的雙臂。將對方左右兩臂夾於左右腋下時，要夾緊夾實，使其難以逃脫，並與雙手用力上托對方左右肘部的動作同時進行，中途不要停留或鬆開。全套動作要乾淨、俐落、準確、有力。

圖 194

圖 195

圖 196

第四十九法　外掰拿變反外掰拿（圖 197–201）

【動作】當我用右拳或右掌擊打對方頭面部或前胸部時，對方迅速向左側閃身，左手用力抓握住我右手腕關節，右手也同時由下向上抓住右手腕關節，撤左步，左轉身，兩手合力翻擰我右手腕關節和右前臂，欲用外掰拿將我拿住；我迅速右臂前支、前伸，化開對方翻擰我右臂的力量，同時上左步，用左手抓握住對方右手掌背部，右手同時回翻反抓住對方腕關節，上右步左轉身時，兩手合力旋擰對方的右手腕關節和右前臂，將對方拿住。

【要領】使用外掰拿變反外掰拿時，要掌握好反外掰拿的時機，注意手、步、身三法的配合。全套動作要連貫、協調、準確、有力。

圖 197

圖 198

圖 199

圖 200

圖 201

第五十法　側摟抱變絆腿別摔（圖 202–204）

【動作】當對方突然由左側用雙手抱住我時，我迅速以左腿後插，由後擠住、吃住對方支撐腿，同時用左肩緊緊頂住對方前胸部，左臂用力外撐，以腰為軸向左側轉動，將對方摔倒。

【要領】使用側摟抱變絆腿別摔時，左腿後插的動作要突然迅猛，以腰為軸向左側轉動之時，要保持身體平衡。注意全套動作要連貫、協調、一致。

圖 202

圖 203

圖 204

第五十一法　背手掐喉拿變砸肘拿（圖 205-210）

【動作】當對方用右拳擊打我頭面部時，我迅速用右手向上攪架，順勢擄抓住對方右前臂向外用力旋擰；對方借我向外旋擰之力，向右轉身，上左步用左腿緊緊吃住我的支撐腿，左手前伸掐住我喉部欲用背手掐喉拿將我拿住；我急改用左手按抓住對方的左臂腕關節處，使之難以逃脫，屈右臂用力砸擊對方左臂肘部反關節處，致使對方左臂肘關節被擊痛難忍倒地。

【要領】使用背手掐喉拿變砸肘拿招法時，要注意全套動作的變換，要掌握好出手換勢的時機。全套動作要準確、連貫、有力。左手按抓住對方左臂腕關節時，要抓緊、抓牢，千萬不要輕易鬆手，一旦鬆手，右臂砸擊就毫無意義了。

圖 205

圖 206

圖 207

圖 208

圖 209

圖 210

第五十二法　由後掐喉拿變掰指拿（圖 211–213）

【動作】當對方由後掐住後頸部，欲用由後掐喉拿將我拿住時，我身體後頂，重心下降，同時用雙手抓住對方左右手指，用力外掰，使對方左右手指小於 90°，疼痛難忍，被迫鬆手，被我拿住。

【要領】用由後掐喉拿變掰指拿時，向外、向後掰對方手指的動作，要突然、迅猛、準確、有力，一旦抓住就不要輕易鬆開。

圖 211

圖 212

圖 213

第五十三法　掐喉拿變推肘拿變推肩壓腕拿
（圖214-218）

【動作】當對方用左拳擊打我頭面部時，我急用左臂向上格架，順勢擄抓住對方左臂，上左步，左腿緊緊吃住對方前支撐腿，右手前伸，掐對方喉部，欲將對方拿住；對方急用左手用力上推我的右臂肘部，右手拉住我腰部用力回拉，欲用推肘拿將我拿住；我迅速撤左步，左手握住對方左手腕關節並上抬回折，使其腕關節小於90°，右手順其左臂向前、向下按住肩關節用力下壓，將對方拿住或摔倒。

【要領】使用掐喉拿變推肘拿變推肩壓腕拿時，要注意全套動作的變化特點，不論是轉身還是出手都要順其自然，掌握借力用力、順勢而發的技巧和時機，不要生拉硬扯。全

圖214

套動作要連貫、協調。左手握住對方左手腕關節回折與右手
順左臂向前按壓對方肩關節，雖然是兩個極其簡單的動作，

圖 215

圖 216

如果用力不協調、動作不準確、攻擊時機掌握不當等等原因，都不可能收到好的擒拿效果。

圖 217

圖 218

第五十四法　由後抓髮變頭頂托槍拿（圖219-221）

【動作】對方由後用右手抓住我頭髮用力後拉旋擰，欲用抓髮拿將我拿住，我迅速用右手按抓住對方右手掌背部，同時右轉身，頭向上、向對方胸部前頂，左手托住對方右臂肘關節處，用力上托，將對方拿住或摔倒。

【要領】使用由後抓髮變頭頂托槍拿時，右手按抓對方右手掌背部，右轉身，頭向其胸部前頂的動作要突然迅猛，右手按抓對方右手掌背部要有力，不能輕易鬆開，左手上托對方右臂肘部與右手按抓的動作要協調。全套動作要乾淨俐落、準確、有力。

圖219

圖220

二　擒拿反擒拿八十八法

圖 221

第五十五法　反臂捶變拉髮勾踢（圖 222–225）

【動作】我用右手抓住對方右臂腕關節用力旋擰時，對方借我旋擰之力，左後轉身，用左拳拳背擊打我頭面部，我迅速上抬左臂將對方來拳封住，順勢擄抓住其左前臂用力向左斜下方領帶，右手由下向上拉住對方頭髮用力向後、向下拉，同時起右腳勾踢對方左支撐腿內踝，使對方顧上不顧下，被我摔倒。

【要領】使用反臂捶變拉髮勾踢招法時，要掌握好攻擊的時機，右手抓住對方頭髮用力向後、向下拉與起右腳勾踢對方左腳內踝兩個動作要同時進行。注意全套動作的協調配合、協調用力。全套動作要突然、迅猛、準確、有力。

圖 222

圖 223

圖 224

圖 225

第五十六法　側摟抱變按頭掰腮拿（圖 226–228）

【動作】對方由右側用雙手抱住我腰部，欲將我摔倒；我迅速用右手下按對方頭部，利用對方用頭上頂時，左手順勢摳住對方左臉和額骨用力上推右手，搬住對方右臉部用力由上向下拉，一推一拉使對方頸部疼痛難忍，或造成對方頸部錯位，失去抵抗能力，被我擒住。

【要領】使用按頭掰腮拿時，全套動作要突然、迅猛、準確、有力，特別注意左手用力上推與右手由上向下拉兩個動作要協調，用力要一致，不要因用力不一致、動作不協調而使對方掙脫。

圖 226

圖 227

二　擒拿反擒拿八十八法

圖 228

第五十七法　正摟抱變上磕膝頂（圖 229–230）

【動作】當對方由正面用雙手將我抱住並欲用其他摔法將我摔倒之時，我急用雙手抓握住對方兩側衣服用力下拉，同時用頭磕擊對方頭面部，右膝向上頂擊對方襠部，使其顧上顧不了下，由於頭和襠被擊疼痛難忍，被我擒住。

【要領】使用上磕膝頂招法時，全套動作要迅猛、突然、準確、有力。雙手下拉與頭磕、膝頂三個動作要同時進行。用頭磕擊的動作，一定要用前額骨部位前磕，要注意全套動作的協調。

圖 229

圖 230

第五十八法　托槍拿變跪拿（圖 231-234）

【動作】我用右手抓住對方頸部時，對方欲用托槍拿將我拿住，我迅速用右腿勾住對方右支撐腿腳跟部，右手由上向下按住對方右腿膝部，使其右腿難以移動，右腿頂住對方右小腿向左側 45°角下壓，迫使對方跪倒。

【要領】使用托槍拿變跪拿時，右腿右踝關節內側勾住對方右支撐腿右踝內側時，小腿一定要擠住對方，要由上向下按住對方右腿部。下跪的最好角度是向左側 45°。右手由上向下按住對方右膝部，雖然是輔助動作，但也非常重要，按住對方右膝可以防止對方右腿掙脫，所以全套動作要快、準、有力、連貫。

圖 231

圖 232

圖 233

圖 234

第五十九法　正手招喉拿變攜胯摔（圖235-239）

【動作】當我用拳擊打對方頭面部時，對方急用左臂向外攪架，順勢將我右臂夾於左腋下，同時上左步，左腿吃住我的支撐腿，右手前伸用力招我的喉部，欲用正手招喉拿將我拿住；我迅速用左手攬抓握緊對方的右手腕關節或右前臂用力外掰，身體前擠，用胯關節頂緊對方身體，重心下降，右手摟緊對方腰部，用力上提，彎腰栽頭並微向左轉體，將對方摔倒。

【要領】使用正手招喉拿變攜胯摔時，左手按壓對方右手腕關節用力外掰的動作要準確、有力；一旦抓住對方的手就不要輕易鬆開，身體前擠時胯關節要擠緊貼實對方身體，彎腰栽頭，身體微向左轉和前面幾個動作要連貫，不要脫節；全套動作要乾淨俐落、協調準確。

圖235

圖 236

圖 237

圖 238

圖 239

第六十法　正面抱腰變按頸砸肘（圖 240-242）

【動作】當對方由正面用雙手抱住我腰部（雙手在外）欲將我摔倒時；我迅速用左手用力下按對方頭部或頸部，同時屈左臂，用左肘部擊打對方的背部，對方受力後疼痛難忍或被擊倒。

【要領】使用按頸砸肘招法時，按頭或按頸與左肘擊打（砸肘）要同時進行，要用整力，用身力。全套動作要連貫、迅猛、準確、有力。

圖 240

圖 241

圖 242

第六十一法　雙手掐喉拿變壓肘別摔（圖 243–247）

【動作】當對方雙手掐住我喉部時，我左手迅速回盤抓握住對方左手或前臂，最好抓住肘部，我左肘向下、向回按壓，同時前插右腿，別住、吃住對方右支撐腿，右手用力擊打對方左肩部，將對方絆倒。

【要領】使用雙手掐喉拿變壓肘別摔時，右腿前插別住、吃住對方右支撐腿，要靠牢貼牢，像木樁一樣栽在那兒，使對方支撐腿不能左右移動。左手回盤抓握住對方左前臂與右手擊打對方左肘部兩個動作要同時進行。全套動作要連貫、準確、迅猛、有力。

圖 243

圖 244

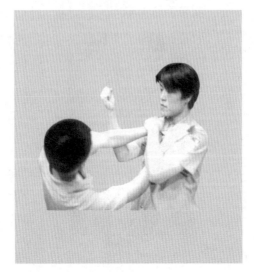

圖 245

圖 246

圖 247

第六十二法　頭拿變拉臂拿（圖 248–251）

【動作】當我用左手抓住對方頭髮用力下拉時，對方雙手按住我右手掌背部，欲用頭拿將我拿住，我迅速用右手從對方兩臂之間前插抓，拉住對方右肘關節處，用力向上、向後回拉，左手協助下按或前推將對方拿住或摔倒。

【要領】使用頭拿變拉臂拿時，右手前插，用手抓、拉住對方右臂，向上、向後回拉的動作要迅猛、有力，左手下按或前推與右手回拉的動作要協調一致，協調用力。

圖 248

圖 249

圖 250　　　　　　　　圖 251

第六十三法　由側摟脖變吃摔（圖 252-255）

【動作】當對方由側摟住頸部欲將我摔倒時，我迅速將左腿後抽，緊緊貼、吃住對方前支撐腿，同時腰向左轉動，左手外撐，右手上撩對方支撐腿，將對方摔倒。

【要領】使用由側摟脖變吃摔時，全套動作要連貫、協調、準確、有力，要掌握好攻擊時機。腰左轉、左手外撐與右手上撩對方支撐腿三個動作要同時進行。要用全身之力，用整力，動作要快、要猛，這樣才能將對方摔倒。

圖 252

圖 253

圖 254

圖 255

第六十四法　折指拿變夾肘絆摔（圖 256-258）

【動作】我用右掌擊打對方頭部時，對方欲用折指拿將我拿住；我迅速用右掌根部用力上頂，上右步，右臂由上向下轉環，右腋下將對方雙臂緊緊夾住，腰向左轉的時候，右腿絆住對方支撐腿，將對方絆倒。

【要領】使用折指拿變夾肘絆摔時，右掌根部一定注意用力上頂，否則，化不開對方折指拿的力，無法改變招勢；右臂由上向下轉環、順勢用力夾住對方雙臂、腰左轉、右腿絆住對方支撐腿幾個動作要連貫，要協調一致，要快、猛、準。

二　擒拿反擒拿八十八法

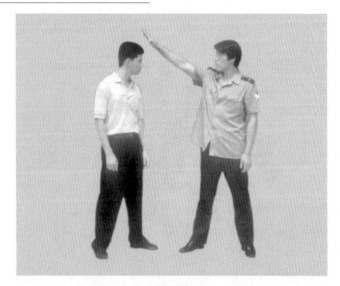

圖 256

圖 257

圖 258

第六十五法　單手撑拿變反背捶（圖 259–261）

【動作】當對方右手握住我右手腕關節用力向外側撑，欲用撑拿將我拿住時；我順勢身體左轉身，左手握拳，用拳背橫擊對方頭面部或胸部，同時上左步緊緊吃住對方前支撐腿，使其不能左右轉動，將對方擊倒。

【要領】使用單手撑拿變反背捶時，要掌握好進攻的時機，要借對方用力向外撑拿之力，順勢左轉身，左手握拳用反背捶擊打對方胸部或頭面部時，要借左轉身之力，用腰力、整力擊打，才能收到好的擊打效果。

圖 259

圖 260

圖 261

第六十六法　頭拿變纏臂拉肘拿（圖 262-267）

【動作】當我用左手抓住對方頭髮回拉時，對方欲用頭拿將我拿住；我右手從對方兩臂之間前插，右手裏、纏住對方右肘關節處向後、向上回拉，左手向前推、向下壓，將對方拿住。

【要領】使用頭拿變纏臂拉肘拿時，右手前插時一定要順對方右臂將其裏住、纏住，向後、向上回拉與左手向前推、向下壓兩個動作要同時進行。要協調一致、迅猛有力。

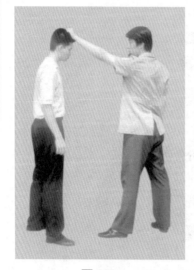

圖 262　　　　　　　　圖 263

圖 264

圖265

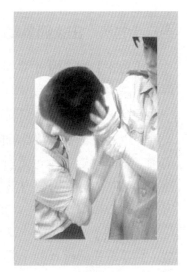

圖266

圖267

第六十七法　由後抓髮變吃摔（圖268-273）

【動作】對方由後用右手抓住我頭髮用力後拉旋擰，欲用抓髮拿將我拿住；我迅速用右手按抓住對方右手掌背部，左手虎口卡住對方右手腕關節，抓牢、抓實、卡緊、卡死，使其難以逃脫；我右轉身的同時，頭向上、向對方胸部用力前頂，當面對對方時，使對方右手腕關節小於90°，同時左腿前邁，吃住、貼緊對方支撐腿，左手由對方右腋下前插後撥，將對方摔倒。

【要領】使用由後抓髮變吃摔時，要掌握好攻擊的時機。右手按抓與轉身動作要突然迅猛，拳打人不知，在對方毫無察覺的情況下，才能生效；左手由對方右腋下前插後撥與上左步吃住對方支撐腿的動作要同時進行。全套動作力求協調、準確、有力。

圖268

圖269

圖 270

圖 271

圖 272　　　　　　　　圖 273

第六十八法　纏腕拿變拉肘拿（圖 274-277）

【動作】當我用左手拉住對方右手腕關節時，對方欲用纏腕拿將我拿住；這時我左臂被拿不能轉動，遂迅速向前上右步，右手拉住對方右臂肘關節用力橫拉，同時被拿左肘下沉用力下壓，一拉一壓，將對方反拿住。

【要領】使用纏腕拿變拉肘拿時，動作要迅猛、突然，全套動作要連貫、準確。左肘下沉用力下壓與右手拉住對方右臂肘關節橫拉兩個動作用力要協調一致，同時進行。

圖 274

圖 275

圖 276

圖 277

第六十九法　吃摔變壓肘拿（圖278-280）

【動作】當我用右拳擊打對方頭面部時，對方用右手抓握住我右手腕關節，用力向外旋擰，並借力上左步用左腿緊緊吃住我右支撐腿，同時左臂由我右腋下前插，頭也隨之由右腕下前鑽，腰向左轉的同時用力後拔，欲用吃摔將我摔倒；此時我迅速用左手前插順勢擄抓住其左手腕關節用力回拉，右臂屈，用右肘部向下砸壓其左臂肘部，將對方拿住。

【要領】使用吃摔變壓肘拿時，要掌握好攻擊的時機。左手抓住對方左手腕關節後要抓牢抓死，決不能輕易鬆開；左手回拉與右臂屈肘下壓的動作要同時進行。特別注意要借用腰的力量，左手回拉右肘下壓時腰一定要向左轉，這樣才能發出整力，用上身力。全套動作要協調一致，準確、有力。

圖278

圖 279

圖 280

第七十法　由前抱腰變踩拿（圖 281-283）

【動作】當對方由前雙手抱住我腰部，欲用摔法時，我借對方向回摟抱之力，迅速向前邁右步，重心前移，以右腳跟部為支點，前腳掌用力向前踏踩對方支撐腳的內踝，將其踩倒。

【要領】使用由前抱腰變踩拿招法時，要掌握好反擒拿的時機，右腿前邁不要過大，要隨時保持自己的重心穩定；當右腳前踏、前踩對方右腳內踝時，腳跟部不要離地，身體重心隨右腳前踩也向前移。全套動作要乾淨俐落、迅猛、準確。

圖 281

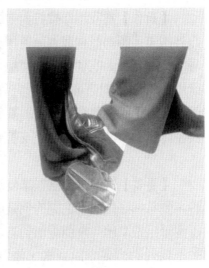

圖 282

圖 283

第七十一法　轉身掐喉拿變抓腕壓肘拿變跪拿
（圖 284-288）

【動作】當我用拳擊打對方頭面部時，對方迅速用右手向外格架，順勢抓住我右前臂用力向外旋擰，我借力左後轉身，左腿前插，吃住對方支撐腿，左手前伸掐住對方喉部，欲用掐喉拿將對方拿住；對方急用左手抓握住我左手掌背部，右臂屈肘壓擊我的左臂肘關節，欲用壓肘拿將我拿住；我左腿借力向前跪壓對方左支撐腿，迫使對方跪倒。

【要領】使用轉身插喉拿變抓腕壓肘拿變跪拿連環招法時，要掌握好招與招之間的轉換時機；使用連環招法必須將每個單招做準確，左腿跪壓對方左支撐腿時要靠緊貼實，中途不要鬆勁，要一跪到底。注意全套動作的協調用力和步法、身法的密切配合。

圖 284

圖 285

圖 286

圖 287

圖288

第七十二法　金絲拿變推肘絆摔（圖289–293）

【動作】我用右手抓住對方右手腕關節時，對方用左手按抓住我掌背部，右手上鑽下翻，欲用金絲拿將我拿住；我左手用力由下向上再向下推擊對方右肘關節處，同時上左步，身體前擠，左腿緊緊吃住對方前支撐腿，使對方身體不能左右轉動，將對方摔倒。

【要領】使用金絲拿變推肘絆摔時，左腿要緊緊吃住對方前支撐腿，貼緊貼實，中間不要留有空隙，要像木樁一樣，牢牢釘在地上，使其身體不能左右轉動；左手用力由上向下推擊對方右肘關節時，動作要準確、迅猛、有力。

圖 289

圖 290

圖 291　　　　　　　　　圖 292

圖 293

第七十三法　肩臂拿變坐肩拿（圖 294-297）

【動作】當對方用右拳擊打我頭面部或胸部時，我迅速用右手上架，並順勢攊抓住其右手腕關節，用力向回拉，同時屈左臂，用左肘部壓擊對方右肘部；為了加大攻擊力度又迅速向上抬左腿，由後向前邁過並用臀部坐壓對方右肩部，兩手抓握住對方右臂，用力旋擰回拉，使其右臂疼痛難忍，失去抵抗能力。

【要領】使用肩臂拿變坐肩拿時，右手抓握住對方右手腕關節或右前臂之後，千萬不要鬆手，要抓牢抓實，這是實施全套擒拿的關鍵。抬左腿用臀部坐壓對方右肩關節的動作要突然，要在對方毫無察覺的情況下進行；臀部坐壓與兩手合力上搬回拉對方右臂的動作要同時進行。全套動作要乾淨俐落、突然迅猛、準確有力。

圖 294

圖 295

圖 296

圖 297

第七十四法　背手反臂捶變撐撥摔（圖 298-301）

【動作】當對方用右拳擊打我頭面部或前胸部時，我迅速用右手向外攪架，順勢擄抓住對方右手腕關節，用力向外旋擰，欲用單臂擰拿將對方拿住；對方借我外旋擰之力，左後轉身，上左步用左腿吃住我右支撐腿，同時用左反臂捶擊打我頭面部或前胸部，我急用左手前插擋、接住對方擊來的反臂錘，順勢抓住對方左手腕關節或左前臂用力外拉，右手變掌，由後切擊對方背部，同時右腿貼地後蹬，將對方摔倒。

【要領】使用反臂捶變撐撥摔時，左手前插擄抓住對方左前臂或腕關節用力外拉、右手變掌切擊對方後背、右腿貼地後蹬三個動作幾乎同時進行，方可使對方顧上顧不了下。

圖 298

圖 299

圖 300

圖 301

要注意三個動作的協調配合、協調用力，不要因為用力不當或動作不準確、不協調，影響技術的發揮。

第七十五法　跪拿變腿擊（圖302–305）

【動作】當我用右手抓拉住對方肩關節處時，對方左腿前插，左腳內踝貼緊吃住我左腳內踝，小腿前擠，向回45°角下跪，欲用跪拿將我拿住；我在身體側倒地瞬間，左腳用力回纏，右腳向前踢擊對方的腰背部，將其擊倒。

【要領】使用跪拿變腿擊時，要借力用力，順勢發力，要掌握好對方用跪拿欲將我拿倒的瞬時起腳踢擊對方。這組動作的巧妙在於兩腿之間的緊密配合，左腳回纏與右腳前踢要同時進行，這樣才能將對方踢倒。

圖302

圖303

圖 304

圖 305

第七十六法　由側掐喉拿變托腿摔（圖306-309）

【動作】當對方由側掐我喉頸部時，我身體迅速下潛，左手掌背部向上，抄住對方前伸腿，右手也隨之抓住對方前伸腿，兩手合力向上、向前、向下推，將對方摔倒。

【要領】使用由側掐喉拿變托腿摔時，身體下潛與左手上托要同時進行，要突然、迅猛。兩手合力抓住對方前伸腿後只前推是不行的，要向上托、向前下推。這樣才能將對方摔倒，向前下方推時，要迅猛有力，全套動作要準確、連貫。

圖306

圖 307

圖 308

圖 309

第七十七法　跪腿摔變搬頸拿　（圖310-312）

【動作】當我用右拳擊打對方頭面部時，對方右手上架的同時左腿前插，小腿回盤吃住緊貼我的支撐腿後坐，欲用跪腿摔將我拿倒；我順勢將身體重心前移下壓，同時右手前推、左手回拉對方頭部，用搬頸拿將對方拿住或摔倒。

【要領】使用跪腿摔變搬頸拿時，右手前推與左手回拉對方頭部的動作要協調用力。動作要準確、有力、迅猛，在對方尚未察覺的時候進行突襲。全套動作要連貫。

圖310

二　擒拿反擒拿八十八法

233

圖311

圖312

第七十八法　折腕拿變扛拿（圖313-317）

【動作】當我用左掌擊打對方頭部時，對方雙手按住我左掌用力回折，欲用折腕拿將我拿住；我迅速用左手前頂，右手摳住對方右手腕關節旋擰上翻，同時右後轉身，用左肩緊緊頂住對方左腋下，用力上頂，兩手繼續用力旋擰對方右臂並向下拉，將對方拿住。

【要領】使用折腕拿變扛拿之時，右後轉身的動作要突然迅猛，左肩用力上扛。兩手用力旋擰下壓的動作要同時進行。特別注意兩手抓住對方右臂後要不停地旋擰，這樣對方才不易更拳換勢。

圖313

二　擒拿反擒拿八十八法

圖 314

圖 315

圖 316　　　　　　　　圖 317

第七十九法　由後鎖喉拿變頂肋背摔（圖318-321）

【動作】當對方由後以右手欲用鎖喉拿將我拿住時，我迅速用右手拉住對方前伸右臂，左臂屈，用肘部猛擊對方肋部，同時頭向下栽，臀部後頂，雙腿後蹬，將對方摔出。

【要領】使用由後鎖喉拿變頂肋背摔時，全套動作要連貫、協調、準確、有力。右手下拉與左肘頂擊對方肋部、頭下栽、臀後頂、雙腿後蹬幾個動作幾乎是同時進行。要協調有力，用整力，用全身之力。

圖 318　　　　　　　　　　圖 319

圖 320　　　　　　　　　　圖 321

第八十法　盤肘拿變推肘拿變壓腕拿（圖322-329）

【動作】當對方用左手抓住我右手腕關節時，我迅速用左手按抓住對方左手掌背部，右肘上提用力下壓對方左臂，欲用盤肘拿將對方拿住；對方急用右手用力向我嘴部推壓我右肘，欲用推肘拿將我拿住；我忙撤右步，用左手按抓住對方右手掌背部，右臂直伸用力下壓，使對方右腕關節小於90°，對方指腕關節疼痛難忍，被我用壓腕拿拿住。

【要領】使用盤肘拿變推肘拿變壓腕拿時，全套動作要連貫、準確，拳打人不知，所以每個招式的變換都要迅猛、突然、巧妙；在對方毫無察覺的情況下，以突然迅猛的招式攻擊對方，方可收到好的擒拿效果。

圖 322

圖 323

圖 324

圖 325

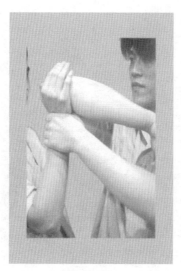

圖 326

圖 327

圖 328

圖 329

第八十一法　掐喉拿變推肘拿變切別摔（圖330-335）

【動作】對方用右拳擊打我頭面部時，我迅速用左臂向外格架，順勢擄抓住對方左臂並夾於左腋下，同時前伸右手掐對方喉部，欲將對方拿住；對方急用左手用力前推我右肘關節處，左手拉住我左側衣服用力回拉，欲用推肘拿將我拿住；我迅速以左手拉住對方左前臂用力回拉，同時上右步別住對方右支撐腿，右手擊打對方左側，左手回拉，向左轉體，右手擊打二力合一，將對方擊倒在地。

【要領】使用掐喉拿變推肘拿變切別摔三個連環法時，要掌握好更招換式的時機，不要等對方將自己拿牢、拿死時才想到換招式，更招換式要在對方拿牢、拿死之前。注意全套動作的協調配合和協調用力。

圖330

二　擒拿反擒拿八十八法

圖 331

圖 332

圖 333

圖 334

圖 335

第八十二法　由後抓髮變轉臂折腕拿（圖 336–339）

【動作】對方由後用右手抓住我頭髮用力後拉、旋擰，欲用抓髮拿將我拿住；我迅速用右手按抓住對方右手掌背部，左手虎口卡住對方右手腕關節，抓牢、抓實，卡緊、卡死，使其難以逃脫；同時右後轉身，頭向上、向對方懷內頂，當面對對方時，使對方右手腕關節小於 90°。此招法叫轉臂折腕拿。對方由於右手腕關節受力疼痛難忍，被我拿住。

【要領】使用由後抓髮變轉臂折腕拿時，要掌握好攻擊的時機，右手按抓與轉身動作要突然迅猛，中間不要停留，不要將手鬆開，轉身時頭一定要借對方回拉之力向對方胸部用力前頂。全套動作要協調、準確、迅猛、有力。

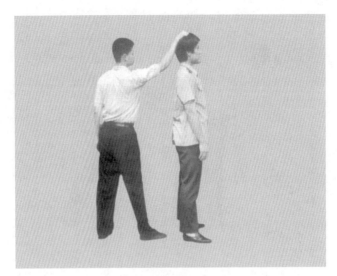

圖 336

圖 337

圖 338

圖 339

第八十三法　金絲拿變拉肘絆摔（圖 340–345）

【動作】當我用右手攥住對方右臂腕關節處時，對方迅速用左手按抓住我的右手掌背部，同時右前臂上鑽，用力向斜下方壓，欲用金絲拿將我拿住；我迅速以左臂從對方兩臂中間前插，左手順勢抓握住對方左臂肘關節處用力回拉，同時上左步，以左腿緊緊吃住、貼緊對方的支撐腿，用力貼地後蹬，一拉一蹬將對方摔倒。

【要領】使用金絲拿變拉肘絆摔招法時，要掌握好攻擊的時機，全套動作要迅猛、準確。左手抓握住對方左臂肘部回拉與左腿貼地後蹬兩個動作要同時進行。左腿後蹬時，腳跟與腳掌都不要離開地面，要隨時保持身體的平衡穩定。

圖 340

圖 341

圖 342

圖 343

圖 344

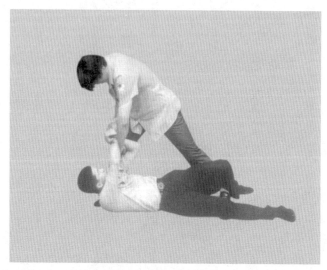

圖 345

第八十四法　吃摔反吃摔（圖 346-349）

【動作】當我用右拳擊打對方頭面部時，對方用右手抓握住我右手腕關節用力向外旋擰，並借力上左步，用左腿緊緊吃住我右支撐腿，同時左臂由我右腋下前插，頭也隨之由右腋下前貼，腰向左轉時，左臂、左手用力後拔，欲用吃摔的招式將我摔倒；當對方左腿前進、左臂前插時，我迅速右腿後撤再向前上反吃住對方的左腿，吃牢、靠緊，右臂由下向上反由對方左腋下前插，頭也隨之由對方左腋下前鑽，以腰為軸向右轉身同時右手外拔將對方摔倒。

【要領】使用吃摔反吃摔時，要掌握好反吃摔攻擊時機，動作過快會暴露自己的意圖，動作過慢會被對方摔倒，因此，一定要等對方已經開始攻擊才開始使用吃摔招法，但

動作尚未到位的一瞬間使用反吃摔的招法，才能收到較好的
效果。全套動作要乾淨俐落，突然迅猛，準確有力。

圖 346

圖 347

圖 348

圖 349

第八十五法　金絲拿變推肘拿（圖350-352）

【動作】當我用右手抓住對方右手腕關節時，對方迅速用左手按抓住我的右手掌背部，同時右前臂上鑽下翻，用力向斜下方壓，欲用金絲拿將我拿住；我右手迅速回拉，再身體前移，右肘前擠，同時用左手推擊對方左肘部，向對方右後下方用力推壓，將對方拿住或摔倒。

【要領】使用金絲拿變推肘拿招法時，右手用力回拉再向前擠與左手向對方右後下方推擊其左肘的動作要同時進行，動作一定要突然迅猛，「拳打人不知」，這樣才能收到較好的擒拿效果。

圖350

圖 351

圖 352

第八十六法　扛拿變拉髮蹬膝拿（圖 353-356）

【動作】當我用右拳擊打對方頭面部時，對方抓住我右臂，欲用扛拿將我拿住時；我迅速用左手拉住對方的頭髮用力向下、向後猛拉，同時起左腳或右腳，用力蹬踏對方支撐腿膝窩處，將其踏倒被我拿住。

【要領】使用扛拿變拉髮蹬膝拿時，全套動作要乾淨俐落、迅猛。左手拉髮與用腳蹬對方支撐腿的動作要同時進行，要準確、有力。

圖 353

圖 354

圖 355

圖 356

第八十七法　雙風貫耳變托肘絆摔（圖 357–360）

【動作】當對方用雙掌或雙拳從左右兩側同時擊打我頭部兩側時，我雙臂迅速上舉，由裡向外翻轉，順勢擄抓住對方雙臂，並將其夾於左右兩側腋下，用雙手用力上托對方肘部的同時上左步，右腿緊緊吃住貼緊對方的支撐腿，身體左轉，右腿後蹬將其摔倒。

【要領】使用雙風貫耳變托肘絆摔招法時，雙臂上舉由裡向外翻轉，封住對方擊來的拳或掌時動作要突然、迅猛、緊緊貼住、黏住對方的雙臂，用力將其夾於腋下，要夾緊、夾實，使對方雙臂難以逃脫，並和雙手用力上托對方左右肘部、上右步右腿吃住對方支撐腿的兩個動作同時進行。右腿後蹬時一定要腳跟朝後貼地後蹬，腳跟與腳掌都不要離開地

圖 357

面，隨時保持自己身體的平衡穩定。全套動作要乾淨俐落、
準確、有力。

圖 358

圖 359

圖 360

第八十八法　抱單腿摔變壓頸挑襠摔（圖361–365）

【動作】當我用拳擊打對方頭面部時，對方身體下潛，雙手抱住我右支撐腿，右肩前頂，欲用抱單腿摔先將我摔倒；我迅速向前上左步，化開、避開對方向前衝頂之力，同時右手向下用力按壓對方頸部，左手由下向上挑擊對方襠部，將對方摔倒。

【要領】使用抱單腿摔變壓頸挑襠摔時，上左步化開、避開對方向前衝頂之力，右手向下按壓對方頸部與左手由下向上挑擊對方襠部三個動作要同時完成。全套動作要連貫、突然、迅猛、準確，動作要乾淨俐落，不要拖泥帶水。

圖361

圖 362

圖 363

圖 364

圖 365

三 輔助功法

1. 木樁功

通過踢樁、打樁、靠樁、磕樁等形式提高掌、臂、肩、胯各部位的抗擊打能力和力量。

將約一人高、直徑 30 公分左右的木樁，埋入地下，埋牢、壓實，使其不易晃動，木樁用棉麻纏住，外包帆布。如無條件下纏棉麻也可以，甚至可在樹上練習。練習時由輕到重、由慢到快，不可操之過急。

掌臂擊樁

①面對木樁，馬步站立，右手變掌，掌心向上屈臂放置在肋部，左掌或用左臂內側由左向右向下擊打木樁，掌心向裡，虎口向上，目視左掌，左掌向下向上轉環以掌背部或左臂外側擊打木樁，擊打後掌心向上放置左肋部。改用右掌或右臂用同樣形勢擊打木樁，方向相反，如此反覆練習。

②面對木樁，馬步站立，右手變掌，掌心向上，屈臂放置右肋部，左掌由右向左以掌根擊打木樁，然後回收掌心向上，放置左肋部，右掌向木樁下部磕去，雙目視前擊掌，如

此反覆練習。

③面對木樁站立，左手變拳，拳心向上，放置左肋部，右手握拳，右臂由右向左擊打木樁，再貼身轉環由左向右擊打木樁，然後收回放置右肋部。換左臂用同樣的方法擊打木樁，目視前擊掌。

肩胯靠擊

①面對木樁站立，向前邁右步，以右肩靠擊木樁，然後改換左肩向前靠擊木樁，如此反覆練習，雙目順前靠方向遠視。

②面對木樁站立，向前邁右步，以右胯靠擊木樁，然後改換左胯向前靠擊木樁。如此反覆練習，雙目順前靠方向遠視。

③面對木樁站立，向前邁左步，以左肩靠擊木樁，向後撤步改換右步前邁，以右胯靠擊木樁；將右步撤回改換左步前邁，以左胯靠擊木樁，再撤左步換右步前邁用右肩靠擊木樁，如此反覆練習。

踢掃蹬踹木樁

①面對木樁站立，向前邁左步，起右腳蹬擊木樁，還原到原來站立位置，向前邁右步起左腳蹬擊木樁，如此反覆練習，目視前方。

②面對木樁站立，向前邁左步，起右腳蹬擊木樁，還原到原來站立位置，向前邁右步起左腳用橫截腿擊木樁，如此反覆練習，目視前方。

③面對木樁站立，向前邁左步，起右腳以外擺腿擊木

椿，然後撤回到原來位置，再向前邁右步，起左腿以外擺腿擊木椿，如此反覆練習，目視前方。

④面對木椿站立，向前邁左步，起右腳以裡合腿擊木椿，再向前邁右步，起左腿以裡合腳擊木椿，如此反覆練習，目視遠方。

⑤背對木椿站立，約一步左右，右腳向後撩踢木椿，再換左腳向後撩踢木椿，兩腿交替，反覆練習，撩踢時，頭向後轉，雙目遠視。

⑥面對木椿站立，向前邁左步，用右腳內側踢擊木椿，然後還原到原位，上右步，用左腳內側踢擊木椿，兩腳交替踢擊，如此反覆練習，目視前方。

2. 玉帶功

玉帶功主要練習雙臂和腰部力量。練習時面對一棵大樹成騎馬蹲襠勢，用雙臂抱緊樹身，兩手扣牢、扣實，用力上抱。或是面對石滾，同樣用雙手抱緊，用力上抱，如此反覆練習，目視前方。

3. 石鎖功

石鎖功主要是練習指、腕、肩、背、腰的力量。根據習武者的身體條件、力量大小，由輕到重，可先選用 20 斤重的石鎖。練習時，兩腿開立，握緊鎖柄，提至胸部，屈肘挑腕上舉，或上拋，通過提、舉、拋、接等動作使力量不斷增長。再選用 40 斤，60 斤……逐漸增加重量，左右兩手如此交替反覆練習。

4.指 功

指功為硬功，用的是陽剛之勁。面對牆壁和木樁，或其他較堅硬物體，以食指向其戳擊。初練時由輕漸重，逐漸增加，兩手食指交替前戳，每次練習不低於 300 次。練習時要斂氣凝神，精力集中，久而久之，指力大增。

5.拔釘功

將普通鐵釘釘入厚木板中，然後以拇指和食指捏住釘帽用力拔出。初練時鐵釘釘得淺一點，隨著功夫的增長，再慢慢釘深，每次釘 50～100 個，依次拔出，如此反覆練習。日久指力會大增。

6.拍打沙包功

將沙包放在方凳之上，身體正對方凳，兩手握拳抱於腰際，約距方凳 60～70 公分，騎馬蹲襠勢站好，然後右手變掌，右臂從身體右後方做大轉環，掌心向下，掌背朝上，以掌心拍擊沙包，右掌掌心與掌背各拍打沙包一次。之後，換左臂從身體左側做大轉環，左拳變掌，掌背朝上，掌心向下，拍擊沙包。緊按左臂，由身體右側做大轉環，用左掌掌背拍擊沙包。

如此反覆練習，最好右手 30～50 次，左手 30～50 次為一組，每天練習不低於 3～5 組。

練習拍擊沙包功時，精神一定要集中，右臂與左臂做貼身大轉環時，要以肩關節作軸，把臂掄開、甩開，不論是掌心或是掌背拍擊沙包都要用力，不要怕痛。拍擊時，全身要

協調用力，眼睛始終隨掌擊視拍擊的方向。

7.拔樁功練習

將直徑 6.5 公分左右、長 1 公尺左右的木樁根據習武人臂力、腕力和指力的大小，將木樁下埋，輕輕踩實。然後用五指捏緊木樁，用力上拔，右手拔後換左手拔。如此反覆上拔，木樁慢慢上升，習武者的指力、腕力和臂力也漸漸增加。隨之又將木樁深埋，隨著功力的增長木樁四周泥土踩得也越來越實，如此兩手連續交替上拔。

一般每天練習拔樁 3～5 組，每組 50～100 次。

8.推磚練習

練武時成騎馬蹲襠勢，目視前方，腳尖微向回扣，上身正直，不要左歪右斜、前彎後仰。兩手各握磚 1～2 塊，向前平舉，然後左手握磚回抽，放在身體左側，稍加停留又向前推出，左手握磚向前推出之時，右手握磚放至身體右側，當左手握磚向後抽回時，右手握磚向前推出，左右兩手交替向前推，不論左手還是右手向前推磚都要將臂推平，停留3～5 次呼吸，如此反覆練習。

推磚練習時要注意，用力前推時身體盡量減少擺動，前推的速度要快，停留時要穩，練習的時間和次數要根據自己的身體承受能力而定，不要急於求成，可根據身體的情況將推磚次數分成幾組，如每組 30 次，每天推 2～3 組。

9.打標板功

選擇彈性較好的木材，一般鋸成長 2～2.65 公尺、寬

0.33～0.66 公尺、厚 3.3 公分。根據習武人功夫的增長，木板厚度也慢慢增加，木板越厚，顫動越小。將製成的標板掛在牆上或樹上，兩頭回收，中間懸空，然後以拳或踏掌擊打標板，如此反覆練習，每組 50～100 次，每天最少不低於 5～10 組。

注意打標板時，要用身力，用整力，並在擊打過程中，體會木板的反彈力。

10. 擰棒練習

將一個重物繫在約 1.5～2 尺的皮條繩上，拴在一個圓木棒上。兩手各握圓木棒的兩端，習武者騎馬蹲襠勢站好，腳尖微向裡扣，上身不要左歪右斜，也不要前彎後仰，頭要正，下額不要上抬，目視前方，兩臂向前平舉，握棒兩手用力將重物擰起，隨即又慢慢放下，如此反覆練習。

練習擰棒時，注意兩腳要站穩，不要隨意移動，上體更不要亂晃。向上擰重物時不要快，越慢越好；向下放重物時也不要過快，隨著功夫的增長，向上擰重物的次數和重量也慢慢增加。一般每次練習 3～5 組，每次 50 次，練習的時間和次數要根據習武者的身體承受能力酌情而定。

11. 對壓腕練習

甲乙雙方對面交錯平行站立。

甲：兩腳分開直立，左手握拳放在腰間，右臂向右側平伸，兩眼順右手前看。

乙：同甲，兩腳分開直立，左手握拳放在腰間，右臂向右側平伸，兩眼順右手前看。

甲乙雙方兩手正握在一起，注意不要屈肘。

甲：右腕用力下壓乙右腕，用力要均勻。

乙：右腕用力不使甲輕易將自己右腕壓下。兩力僵持一會兒後再稍撤力使甲右腕將自己右腕壓下。然後又迅速上翻，將甲的右腕壓下。

左手壓腕的方法與右手相同，一般訓練中，右手壓腕20次後換左手壓腕20次，如此甲乙雙方反覆練習。

【提示】剛開始練習時，用力小一些，練一段時間後慢慢加力，加力的大小，以雙方承受力情況而定。

12.樁步刁腕練習

甲乙雙方相距一臂距離，成馬步站好，兩手握拳放在腰間。雙方對視。

乙：用右拳向對方頭面部擊打，右肩關節放鬆，順肩順胯，右臂伸直，右肘不要上翻，要迅速有力，拳眼向上。目視對方。

甲：迅速向左閃身，右前臂上架，反手用力刁住對方的右腕部。刁腕的動作要做到迅速、突然、準確、有力。目視對方。

乙：右拳被甲方右手刁住後，迅速改用左拳擊打甲方頭面部，左肩關節放鬆，左臂伸直，拳眼向上。目視甲方。

甲：見乙方的左拳向自己頭面部擊來時，迅速抽回右手，將右手放在右腰間，向右閃身，用左前臂上架，並反手刁住乙方的左手腕部。目視乙方。

如此反覆練習，熟練之後再互換攻守，繼續反覆練習。

【提示】在練習樁步對刁腕練習時，身體左右轉動都要

以腰作軸，兩腳站穩，不能亂動，兩腳像木樁一樣牢牢扎在地上。閃身與习腕雖然是兩個動作，但要求一次完成，身與手要協調配合好，身動手動，手停身停，雙目始終注意觀察對方的動作變化。

13. 對推掌練習

甲乙雙方相隔一臂，成騎馬蹲襠勢面對站好，兩臂同時直臂前伸，與肩平，與肩同寬，兩手正握在一起，掌根向下，掌尖朝上，掌背與前臂夾角約為 90°，雙目對視。

甲乙雙方同時用右手用力前推，雙方左手用力前頂。當左手被推近臨自己身體約半尺左右時，雙方停止用力，目視對方。

甲乙雙方同時用左手用力前推，右手用力前頂，當右手被推臨近自己身體約半尺左右時，雙方停止用力，目視對方。

甲乙雙方同時用右手用力前推，雙方的左手用力前頂，當左手被推臨近自己身體約半尺左右時，雙方停止用力。目視對方。

甲乙雙方如此反覆練習。

【提示】對推掌練習時，馬步站好，上身要正直，腳尖回扣，要穩。手前推之時，用力量的大小要根據對方的承受能力而定。對方前推，自己用力前頂之時，用頂力的大小也要根據對手的承受能力而定。總的原則是：頂力運用到，既使對方能夠推動又要對方費一番力氣，這時用力方為合適。

左右兩手交叉前推，每手練習 20 次方為一組，長期練習，對掌力、腕力的增長很有幫助。

14. 對鑽腕練習

甲：右手用力正握乙的右腕部。

乙：用力從甲右手小拇指處向上鑽翻，然後迅速回翻握住甲右手腕部。

甲：右手腕部被乙攥住後同樣右臂由乙的右手小拇指處向上鑽翻，然後迅速回翻攥住乙方的右手腕部。

乙：右手腕部被甲攥住後，用力從甲右手小拇指處向上鑽翻，然後又迅速回翻握住甲方的右手腕部。

甲乙雙方如此反覆練習，增加腕力和臂力，同時養成鑽翻解脫的技巧。左手鑽腕練習和右手鑽腕練習方法相同。如此反覆練習。

【提示】練習時，攥臂要有力、準確、垂肘，重點體會練習，手腕的鑽和翻，動作要靈活，雖然是臂和腕的動作，用力應該用整力、全身之力。

15. 對壓臂練習

甲：兩腳分開與肩同寬，上身正直，左手握拳放在腰部，右手握拳向斜上方伸出，目視乙方。

乙：兩腳分開與肩同寬，上身正直，左手握拳放在腰部，右手握拳向斜上方伸出，目視甲方。

此時，甲、乙雙方右手互相交叉成十字。

甲：右臂伸直用力向乙臂下壓。

乙：右臂伸直用力向甲臂上頂，堅持一段時間後，稍稍減力，右臂被甲壓下，稍停頓，再次用力將甲臂壓下。

甲：用力上頂乙右臂，堅持一段時間後，稍稍減力，右

臂被乙方壓下，稍停頓後再次用力將乙右臂壓下。

甲乙右臂互相壓下頂上 10 次後換左臂用同樣方法練習。

【提示】練習對壓臂時一定要將臂伸直，剛剛開始練習時可用力小一些，練習一段時間後慢慢加大力量，加力的大小以雙方承受的情況而定。

16.右手對撞腕練習

甲乙雙方左腿彎曲成 90°，右腿繃直成左弓步，甲乙雙方兩左腳，平行站立，甲的左腳尖與乙的左腳跟平行，兩腳橫向距一腳寬，雙方左手下垂握住自己的左膝關節處，右手變掌相握在一起。目視對方。

甲：握緊乙方右手腕部向右側翻轉，與自己的腰齊平，然後用力最大限度地向前推乙。目視乙方。

乙：當甲方用力前推自己右臂時，適當用力向前頂，當右臂被對方推至自己身體右側後方時，用力向外翻轉甲的右腕部，並向後拉，隨翻轉，隨後拉，使甲右手手掌的掌尖向下，然後用力最大限度地向甲方前推。目視甲方。

甲：當乙用力前推自己右臂時，適當用力前頂，當被乙推至自己身體右側後方時，用力翻轉乙的右手手腕部，邊外翻轉，邊向後拉，使乙方右手掌尖向下，然後最大限度地用力前推。目視乙方。

甲乙雙方如此反覆練習。

【提示】右手對撞腕練習是增強右手腕力、右臂臂力的好辦法。練習時要用力，不論是前推或是前頂時都要用力，但用力的大小要根據對方的承受能力而定，不要因用力過猛

或用力不當使雙方僵在一起、頂在一起，或是因用力過小達不到訓練的目的。

17. 對擊臂練習

甲乙兩人對面交錯平行站立，兩腳距離與肩同寬，腳尖微向回扣，雙手握拳，拳心向上放置腰間。

甲：用右臂貼身由後向前轉環 180°，注意將臂伸直，以肩關節為軸，擊對方的頭面部。

乙：同樣以右臂貼身由後向前轉環 180°，臂要伸直，不要彎曲，以肩關節為軸，擊對方的頭面部。

此時，甲乙兩人右臂相擊成十字。

甲乙雙方同時右臂向右轉環 360°擊對方後腦，右臂伸直不能彎曲。此時甲乙右臂反臂十字交叉。

甲：迅速上左步用左臂貼身由後向前轉環 180°，擊打乙方頭面部，臂要伸直，不要彎曲。

乙：右後轉身退後步，用左臂貼身由後向前轉環180°，擊打甲方頭面部，臂要伸直，不能彎曲。

此時，甲乙雙方左前臂相擊成十字型，並同時向後轉環360°，擊對方後腦，臂要伸直，不能彎曲。甲乙左臂成反臂十字型。

甲：左後轉身，由前上右步，兩腳與肩同寬，右臂貼身轉環擊打乙的頭面部。

乙：右後轉身退右步，兩腳與肩同寬，左臂貼身由後向前轉環 180°，擊打甲的頭面部，臂要伸直，不要彎曲。

此時，甲乙雙方右臂相擊在一起成一個十字。

【提示】練習對擊臂時，注意手腳的配合，腳動手動，

手停步停。擊臂用力的大小，根據雙方的承受能力而定，剛開始時用力小一些，練習一段時間後慢慢加力。

18. 行步抓腕練習

甲乙雙方面對站立，相距一臂，雙手放在腰間。目視對方。

甲：上右步用右拳擊打乙方的頭面部。擊拳時，右肩部要放鬆，擊出後右臂伸直，順肩、順胯，拳要向前，拳眼向上，目視乙方。

乙：見甲右拳向自己頭面部擊來，迅速左轉身，向後撤左步，同時出右手用力抓握甲方的右腕部，抓握的動作要做得迅速、準確、有力，目視甲方。

甲：右腕部被乙抓握後，迅速向前上左步，用左拳擊打乙頭面部，出拳要迅速，擊出時左肩部放鬆，順肩、順胯，拳面向前，拳眼向上，目視乙方。

乙：見甲左拳向自己頭面部擊來，迅速撤回右手，右後轉身，向後撤右步，同時用左手用力抓握甲左手腕部，抓腕的動作要做得快速、有力、準確，目視甲方。

乙：抓住甲左臂，迅速上右步，用右拳擊打甲方的頭面部。右拳擊出時注意順肩、順胯，右肩肩部要放鬆，拳面向前，拳眼向上，目視乙方。

甲：見乙右拳向自己頭面部擊來，迅速撤回左手，左後轉身，向後撤左步，同時出右手用力抓握對方的右手腕部，抓握的動作要快速、準確、有力，目視乙方。

乙再出左拳擊打甲，如此甲方擊打乙方 4～6 次後，乙方擊打甲方 4～6 次。反覆練習。

【提示】練習時注意進步與撤步要根據練習時的具體情況決定進、撤步的大小，原則上是進攻與撤步都是一大步，不能因撤步過大，進步出拳又步子過小，搆不上對手；或是撤步過小，進步過大，雙方相撞在一起，無法配合，影響訓練效果。

進行行步抓腕練習，不論是進攻還是防守，動作都要求真實，進攻出拳要做到快、猛。防守抓腕要做到準確、有力、迅速。

另外要注意手腳的配合，轉身撤步或上步都要做到步動手動，步停手停，上下相隨，協調一致。還要注意眼神跟得上、隨得上。

19. 行步刨腕練習

甲乙雙方面對站立，相距一臂距離，雙手放在腰間，目視對方。

乙：上右步用右拳擊打甲方的頭面部，擊右拳時，右肩要放鬆，擊出後右臂伸直，順肩、順胯，拳面向前，拳眼向上。目視乙方。

甲：見乙右拳向自己頭面部擊來，迅速左轉身向後撤左步，右手變成勾子手，由上向下用力刨甲右前臂和腕部，將其右臂和右拳刨出，目視甲方。

乙：當右臂右拳被甲方的右勾子平刨出後，迅速向前上左步，用左拳擊打甲方的頭面部，出拳要快，左肩要放鬆，順肩、順胯，拳面向前，拳眼向上。目視甲方。

甲：見乙方左拳向自己頭面部擊來，迅速撤回右手，右後轉身，向後撤右步，左手變勾子手，由上向下用力刨乙左

前臂或左腕部，將乙的左臂左拳刨出，目視乙方。

甲：將乙左臂左拳刨出後，迅速上右步，用右拳擊打乙方的頭面部。右拳擊出時注意順肩、順胯，肩部要放鬆，拳面向前，拳眼向上，目視乙方。

乙：見甲方右拳向自己頭面部擊來，迅速撤回左手，左後轉身，向後撤左步，右手變成勾子手，由上向下用力刨甲方的右前臂和腕部，將甲擊來的右臂右拳刨出，目視甲方。

甲方擊打乙方 4～6 次後，乙方擊打甲方 4～6 次，如此交替反覆練習。

【提示】練習行步刨腕時，不論進攻還是防守，動作都要求做得真實，進攻出拳要做到快、猛。防守刨腕要做到準確、適時、快速、有力。

要注意手腳的配合，轉身撤步或轉身上步都要求做到步動手動，手停步停，上下相隨，根據對手具體情況隨時調整步幅的大小。原則上是進步與退步都是一大步，決不能因撤步過大，進步出拳步子又過小，從而雙方搆不到一起，或是撤步過小，進步又過大，雙方撞在一起，無法配合，影響訓練的效果。

20. 行步刁腕練習

甲乙雙方相距一臂距離，面對站立，雙手放在腰間，目視對方。

乙：向前上右步，用右拳擊打甲頭面部，右肩要放鬆，順肩、順胯，擊拳時右臂伸直，拳面向前，拳眼向上，出拳速度要快。目視乙方。

甲：見乙方右拳向自己頭面部擊來，迅速用右前臂向上

架，向左閃身，並反手用力刁住乙右手腕部。抓刁的動作要迅速、準確、有力、適時。目視乙方。

乙：右拳右腕部被甲刁住後，迅速上左步，改用左拳擊打甲頭面部，擊拳時，左肩放鬆，擊出後左臂伸直，順肩、順胯，拳面向前，拳眼向上，目視甲方。

甲：見乙左拳向自己頭面部擊來，迅速收回右手，撤右步，右後轉身，同時用左前臂上架甲方擊來的左拳，並反手刁住甲方的左臂腕部，右拳放在身體右側腰間。左手刁抓的動作要做到迅速、準確、有力、適時，目視乙方。

乙：左手腕部被甲刁住後，迅速上右步，改用右拳擊打甲頭面部，擊拳時右肩放鬆，右臂擊直，順肩、順胯，拳面向前，拳眼向上。目視乙方。

甲：見乙用右拳擊打自己的頭面部，迅速左後轉身，撤左步，用右前臂架乙右拳，並反手刁住乙右臂腕部。刁抓的動作要做得迅速、準確、有力、適時。目視乙方。

如此反覆練習，當動作熟練之後，再互換攻防，繼續練習。

【提示】練習時，注意進步與撤步不要步子過大，也不要步子過小，兩人要配合默契，不然不是雙方離開太遠，拳打出去搆不上對方，就是離得太近無法出拳，影響訓練效果。

拳向前擊打時，一定要真實，出拳速度要快而有力，防守者要會抓時機，刁抓要準確、有力。

甲乙雙方都要注意手腳的配合，做到步動手動，手停步停，真正練出身法來，還要注意眼神，眼神要跟得上，隨得上。

21. 行步鎖臂練習

甲乙雙方面對站立，相距一臂，雙手放在腰間，目視對方。

甲：上右步用右拳擊打乙頭面部，擊右拳時，右肩肩部要放鬆，擊出後右臂伸直，順肩、順胯，拳面向前，拳眼向上。目視乙方。

乙：見甲右拳向自己頭面部擊來，迅速左轉身，向後撤左步，用左前臂向外磕對方的右前臂，用右前臂向回摟甲方的右前臂，左右兩前臂同時磕和摟，像鉗子一樣將甲方右臂緊緊夾住、鎖住。目視甲方。

甲：右臂右拳被乙方鎖住後，迅速向前上左步，用左拳擊打乙頭面部，擊拳要快，左拳擊出時左肩部放鬆，順肩、順胯，拳面向前，拳眼向上。目視乙方。

乙：見甲左拳向自己頭面部擊來，迅速向右轉身，向後撤右步，同右前臂向外磕對方左前臂，用左前臂向回摟對方左前臂，外磕和回摟要同時進行，外磕和回摟像鉗子一樣將甲左臂夾住、鎖住。目視甲方。

甲打乙4～6次，然後乙打甲4～6次，如此互換攻防，反覆練習。

【提示】練習時向前上步與出拳的動作要同時進行，拳動步動，步停拳停；鎖臂的動作也一樣，要做到轉身撤步和鎖臂幾乎是同時進行，要配合好，動作中間不能出現空隙和中途停頓，要做到快速、準確、有力、適時。

22. 上下捶練習

甲乙雙方交錯平行站立，頭向右轉，目視對方，兩腳分開站立約與肩同寬，雙手握拳放置腰間。

甲：右臂伸直由後向前轉環約 180°擊打對方頭面部，轉環擊臂時臂要伸直，不能彎曲，目隨右臂視乙方。

乙：和甲同時同樣將右臂伸直轉環 180°擊打甲方頭面部，轉環出臂時臂要伸直，不能彎曲，目隨右臂視甲方。

此時甲乙雙方上擊右臂互相交叉成一個十字，相擊在一起。

甲：右臂與乙臂相擊後，迅速向後轉環 360°擊打乙方後腦部，右臂轉環時要伸直，不能彎曲，目視乙方。

乙：右臂與甲臂相擊成十字後也迅速向後轉環 360°擊打甲方後腦部，右臂反轉環時要伸直，不能彎曲。目視甲方。

此時甲乙雙方右臂擊成反臂十字形。

甲：隨即下蹲反臂擊打乙方右後小腿部，目視乙方。

乙：也同樣隨即下蹲用反臂擊打甲方右後小腿部，目視甲方。

此時甲乙雙方成下蹲式，右臂反臂相擊交叉在一起。

甲：迅速起立，右手回收放至腰胯之間，兩手抱拳，並迅速上左步，左轉身左臂轉環 180°擊打乙方的頭面部，目視乙方。

乙：迅速起立，右後轉身退右步，左臂轉環 180°擊打甲方的頭面部，目視甲方。

此時甲乙雙方左臂相擊在一起成十字，甲乙相距保持一

臂距離，甲和乙兩腳分開站立，間距也保持與肩同寬。然後雙方又都用右臂轉環相擊成十字形，再同時迅速下蹲互擊對方左小腿部。雙方左右進退反覆練習。

【提示】練習上下捶時，蹲下起立要迅速，始終要保持雙腳與肩同寬、甲乙雙方相距一臂，不論是右臂或是轉環時，臂不能彎曲，甲乙兩臂相擊時要用力，進退動作甲乙雙方要配合協調。

23. 拗勢捶練習

甲乙相隔兩臂距離，相向而立，雙手握拳置於胸前，兩拳護住心，兩肘護住肋，然後甲乙右腳同時向前邁出一大步，右腿彎曲，左腿繃直成右弓步。目視對方。

甲：左手握拳，左臂在體前轉 180°，轉時左肘不能彎曲，要貼身，同時上體右轉，用左拳擊打乙頭面部，轉體要與轉臂配合協調，成為整體，發出整力。目視乙方。

乙：也用左臂貼身轉 180°，用左拳擊打甲頭面部，甲乙兩前臂相擊在一起，成正十字交叉。目視甲方。

甲：兩臂相擊後，甲左臂迅速向反方向貼身轉 360°，用反臂劈拳擊打乙頭面部。目視乙方。

乙：左臂同樣以反方向貼身轉 360°，以反臂劈拳擊打甲頭面部。甲乙左臂成反向十字交叉。目視甲方。

甲：左臂正反兩次轉臂擊拳後，左拳收回胸前，拳護住心，肘護住肋；同時右臂正轉 180°以拳擊打乙頭面部，轉時右臂不要彎曲，要緊貼身體。目視乙方。

乙：左臂正反兩次轉臂擊拳後，左拳收回胸前，拳要護住心，肘要護住肋，同時用右臂正轉 180°，以拳擊打甲頭

面部，轉時右臂不要彎曲，要緊貼身體。目視甲方。此時甲乙右前臂相擊在一起，成右順步正面十字交叉。

甲：右臂與乙方相擊後，迅速反方向轉 360°，轉臂要快，要貼身，右臂肘部不能彎曲，以反臂劈拳擊打乙頭面部，目視乙方。

乙：右臂與甲方相擊後，也迅速反方向轉 360°，以反臂劈拳擊打甲頭面部，轉臂時，要貼身旋轉，右臂要伸直，肘部不要彎曲，速度要快。目視甲方。此時甲乙右臂相擊在一起成反臂十字交叉。

甲乙同時收回右拳，置於胸前，拳要護住心，肘要護住肋。目視對方。

乙：左腳用穿襠腳猛踢甲襠部，左腳踢時，腳面繃直，腳踢直，左膝部不要彎曲，起腳時要迅猛，注意保持身體的平衡，目視甲方。

甲：見乙踢來左腳，迅速後撤右步，用左手由上向下拍擊乙腳面，盡量拍擊其腳面內側，擊時向下向外，用力下震，使乙失去重心，然後向後撤步，左腿彎曲右腿繃直成左弓步。目視乙方。

乙：左腿被甲拍打落地後左腿彎曲，右腿繃直，成左弓步。甲乙再重複擊臂動作。左弓步時先轉打左臂；右弓步時先轉擊右臂。

【提示】注意左右轉臂時臂要伸直，肘不能彎曲，先向裡轉，再反方向外轉，撤步與進步的落點要準確，正好一步遠，養成目測距離的能力。

練習時還應該注意，做大轉環動作時肩關節一定要放鬆，如果肩關節不能放鬆，動作必然僵硬，出拳也不可能

快、猛，甲乙雙方對擊臂的一瞬間一定要用力，不要怕疼怕累而空擺樣子，另外，拗勢擊臂時一定注意腰的扭動，以腰作軸，做到擊臂、轉腰、蹬地協調一致。

24.樁步對刨三點練習

甲乙相距兩臂距離，相對站立，同時向前方邁右步，右腿彎曲，左腿繃直，成右弓步；兩手握拳，置於胸前，兩拳護住心，兩肘護住肋；相互對視。

乙：突然用右拳直打甲頭面部，出拳要快，要猛，拳眼向上；左拳仍然置於胸前，拳護住心，肘護住肋。目視甲方。

甲：見乙方右拳擊打自己的頭面部，迅速將上身後仰，先用右手再用左手，由上向下刨乙來拳。動作要靈活，動作不宜過大，但是必須將對方來拳刨出，護住自己身體前側。同時右手握拳在刨出對方來拳的一瞬間直打乙方頭面部，出拳要快、要猛，拳眼向上，右拳擊出，左拳迅速收回放在胸前，拳護住心，肘護住肋。目視乙方。

乙：見甲方右拳擊打自己頭面部，迅速將上身後仰，同樣先用右手再用左手由上向下刨，將來拳刨出，封住甲方直打頭面部的右拳。動作要靈活，要快，要有力，但動作不宜過大，以能刨出對方來拳為度。同時右手握拳直打甲方的頭面部，出拳要快、要猛、要準，拳眼向上；左拳迅速回抽置於胸前，拳護住心，肘護住肋。目視甲方。

甲乙雙方如此反覆練習。

【提示】練習時，速度由慢到快，力量由輕漸重。注意上肢與全身的配合，打出整力來。腰前後擺動，腳跟要穩，

不要因出拳和腰的前後擺動而腳跟離地，失去平衡。另外，出拳時上身不要左歪右斜，影響出拳的力量和速度。

25. 趙根練習

甲乙側對平行站立，兩腳距離與肩同寬，兩手握拳置於胸前，兩拳護住心，兩肘護住肋。目視對方。

甲：右臂貼身向前旋轉 180°，以拳擊打乙頭面部，掄臂轉環時以肩關節作軸胳膊不要彎曲，出拳速度要快。目視乙方。

乙：左臂貼身向前旋轉 180°，以拳擊打甲頭面部。掄臂時臂要伸直，不要彎曲。出拳速度要快。目視甲方。

甲乙右前臂相擊在一起成十字交叉。

甲：當右臂與乙相擊在一起後，迅速向後反方向旋轉 360°，用反臂劈拳擊打乙頭面部。反臂轉環時，臂要伸直，不能彎曲。目視乙方。

乙：迅速向後方向旋轉 360°，用反臂捶擊打甲頭面部。反臂轉環時臂要伸直，不能彎曲，目視甲方。此時，甲乙右前臂反向相擊在一起，成十字交叉。

甲：右臂與乙反向相擊後，迅速由上向下用拳背下擊乙腰部。下擊時動作要迅猛。目視乙方。

乙：也迅速由上向下用拳背下擊甲腰部。下擊時動作要猛。目視甲方。

此時甲乙兩右前臂相擊在一起成十字交叉。

甲乙同時將右手收回，置於胸前，兩拳護住心，兩肘護住肋。

乙：上左步右轉身，用左腳踝部趙踢甲腳跟部。上步轉

身與左腳的趟踢要協調，力量要整，踢時不要離地過高。目視對方。

甲：為了練習抗擊能力，雙腳用力蹬地，使乙方趟踢不動，待乙踢完後再右後轉身，兩腳保持與肩同寬，雙手握拳置於胸前，兩拳護住心，兩肘護住肋。目視對方。

至此，甲乙互換攻防，反覆練習。

【提示】練習趟根練習時，擊臂要用力，踢則真踢，不要怕疼怕累而空擺樣子，否則難以收到好的練功效果。

26.三捶五點練習

甲乙相向站立，右腳同時向前邁出一步，右腿彎曲，左腳繃直成右弓步，兩手握拳置於胸側。雙目對視。

乙：突然出右拳直擊甲頭面部，拳眼向上。目視甲方。

甲：速用左臂由下向上用力橫架，將乙右拳架開。目視乙方。

乙：右拳被架開時借力不停，向外轉並迅速回抽，又第二次向甲進攻，同右拳擊甲頭面部，拳眼向上。目視甲方。

甲：見乙右拳來勢凶猛，先用右前臂向上橫架來拳，接著又用左前臂向上架乙右拳。

此招兩臂先後上架，不僅可以緩衝來拳的力量，還能通過左右前臂交換上架，騰出一手進攻對方，稱為「托樑換柱」。

甲：「托樑換柱」將右臂抽出，再用右拳直打乙腹部，目視乙方。

乙：見甲右拳向腹部擊來，速用右手由上向下向外刨開甲右拳，同時左掌猛擊甲頭面部右側。目視甲方。

甲：左臂彎曲，左手變掌，由左向右用力外撥，封擋住乙左掌，目視乙方。

乙：左掌被甲封住時，右手迅速變掌，擊甲頭面部左側。目視甲方。

甲：速將右臂彎曲，右手變掌由右向左撥乙右拳，同時左拳由腰部發力直擊乙右肋部。目視乙方。

乙：見甲左拳向腰部擊來，以腰為軸向右後稍扭轉，同時屈右肘向外掛甲左拳，將甲左拳封住。目視甲方。

甲：左拳被乙右肘向外掛開後，再出拳向乙頭面部擊去。目視乙方。

練到此時，甲乙互換攻防，再反覆練習。

【提示】甲乙雙方不論是擊拳或是擊掌都要求迅速有力。要注意腰、肩、腿的配合，要用整力、身力。

向外封擋對方來拳來掌的時候注意肩、腰身體的轉化，要打出沾、黏、連、隨、吸、卸、柔、化、推、托、領、帶、輾、轉、扭、蹭的勁道。

27.十字捶練習

甲乙間隔兩步，相向站立。目視對方。

乙：右腳前上一步，身體左轉，成右弓步，同時右臂由下向上順時針轉環掄臂劈砸甲頭面部，右臂伸直，不要屈肘。目視甲方。

甲：迅速向左閃身上左步體右轉 90°，左腿彎曲前弓成左弓步，緊貼於乙右腿外側，控制住乙右腿，同時左臂上舉，左手五指分開抓住乙右臂肘部，用力上托，並極力前推，使乙身體後倒，目視乙方。

三 輔助功法

乙：借甲左手前推右臂肘部之力迅速向左側扭身，化開甲方左臂的推力，同時用左手經胸前穿過右腋下至甲方左手前臂外側，刁擄住甲方的左臂。右臂用反臂捶橫擊甲方的頭面部。目視甲方。

甲：迅速將右臂豎起，用右前臂橫擋住乙擊來的右反背捶，雙方右臂相擊在一起成十字形交叉。目視乙方。

乙：右臂被甲封住後，迅速用左拳擊打甲腹部。目視甲方。

甲：身體右轉，同時用左臂掛擋乙的左拳，甲乙兩臂相擊，成十字交叉。目視乙方（注意向右轉身時要用腰力）。

乙：再出右拳擊打甲腰背部。目視甲方。

甲：見乙右拳擊來，迅速向後撤左腳，體左轉180°，同時用左臂掛擋乙右拳。甲乙兩臂相擊，成十字形交叉。目視乙方。

乙：迅速上左步，同時用左臂由下向上逆時針轉環掄臂劈砸甲頭面部，甲立即用右手托住乙左拳。

至此，雙方重複練習上述動作，方向相反。練習數遍之後，再互換攻防，繼續練習。

【提示】不論是劈拳還是直拳都要出拳迅速，要用身力，不要只用胳膊的力量。撤步和上步要輕靈，重心要穩，腳尖和腳跟都不要離開地面。

28.定步鎖手練習

甲乙兩人面對相距兩臂距離，同時右腳向前上一步，右腿彎曲，左腿繃直成右弓步，兩手握拳置於腰間。目視對方。

乙：右臂由身前從下向前上揮再向下用反臂轉環劈捶，劈砸甲方的頭部，右臂劈砸時身體和腿要配合右臂的動作，左手仍然握拳置於腰間。目視甲方。

　　甲：迅速用右前臂向上橫架乙劈砸頭部的右拳，雙腿仍然成右弓步站立，左手握拳置於腰間，甲乙兩前臂成十字交叉。

　　甲：再用左臂向上橫架乙右前臂，將自己橫架的右臂換出，迅速用右拳擊打乙方的腹部。目視乙方。本招名叫偷樑換柱。

　　乙：見甲右拳向自己腹部擊來，迅速用右臂由上向下橫砸甲打來的右拳，甲乙右前臂又擊在一起成十字形，同時乙以左直拳直打甲右肩部。雙方對視。

　　甲：見乙左直拳擊打自己右肩部，急將右拳收回，向上向外側橫崩，將乙左拳左前臂繃開，與乙右前臂又成十字交叉。目視乙方。

　　乙：迅速收回左拳，改用右拳直打甲腹部。目視甲方。

　　甲：右拳由肩前向下猛砸乙打來的右拳。雙方兩前臂又成十字交叉。目視乙方。

　　乙：順勢將右拳向下向後再向前上揮，用反臂劈拳砸甲頭部。目視甲方。

　　如此反覆練習，熟練後再互換攻防。

　　【提示】練習時，轉環劈砸要以肩關節為軸，轉環要大，要貼身，全身用力要協調。劈砸時拳心向上。甲乙雙方向外崩砸和向下砸對方擊來的拳時，動作要迅速猛烈有力，肘關節要彎曲夾緊。雖然前臂外崩式下砸，但要使出全身的力氣，全身用力要協調一致。

國家圖書館出版品預行編目資料

擒拿反擒拿88法／韓建中 著
－初版－臺北市，大展，2003 [民 92.04]
面；21 公分－（實用武術技擊；6）
ISBN 978-957-468-203-4（平裝）

1. 擒拿術

528.977　　　　　　　　　　　　　92000509

擒拿反擒拿 88 法

編 著 者／韓　建　中
責任編輯／洪　宛　平
發 行 人／蔡　森　明
出 版 者／大展出版社有限公司
社　　址／台北市北投區（石牌）致遠一路 2 段 12 巷 1 號
電　　話／(02) 28236031・28236033・28233123
傳　　真／(02) 28272069
郵政劃撥／01669551
網　　址／www.dah-jaan.com.tw
E-mail／service@dah-jaan.com.tw
登 記 證／局版臺業字第 2171 號
承 印 者／傳興印刷有限公司
裝　　訂／眾友企業公司
排 版 者／弘益電腦排版有限公司
授 權 者／北京人民體育出版社
初版 1 刷／2003 年（民 92） 4 月
初版 3 刷／2009 年（民 98）11 月　　　　　　定價／250 元

大展好書　好書大展
品嘗好書　冠群可期

大展好書　好書大展
品嘗好書．冠群可期